合肥工业大学图书出版专项基金资助项目



# 劳动教育

## ——项目设计与拓展

主　编　朱华炳　李小蕴
副主编　沈　鹏　尹成新　胡友树

合肥工业大学出版社

**图书在版编目(CIP)数据**

劳动教育:项目设计与拓展/朱华炳,李小蕴主编.—合肥:合肥工业大学出版社,2021.8
ISBN 978-7-5650-5248-4

Ⅰ.①劳… Ⅱ.①朱…②李… Ⅲ.①劳动教育—职业教育—教材 Ⅳ.①G40-015

中国版本图书馆CIP数据核字(2021)第143295号

**劳 动 教 育**

——项目设计与拓展

朱华炳 李小蕴 主编　　　　责任编辑 袁 媛

| | | | |
|---|---|---|---|
| 出 版 | 合肥工业大学出版社 | 版 次 | 2021年8月第1版 |
| 地 址 | 合肥市屯溪路193号 | 印 次 | 2021年8月第1次印刷 |
| 邮 编 | 230009 | 开 本 | 787毫米×1092毫米 1/16 |
| 电 话 | 基础与职业教育出版中心:0551-62903120 | 印 张 | 10.25 |
| | 营销与储运管理中心:0551-62903198 | 字 数 | 243千字 |
| 网 址 | www.hfutpress.com.cn | 印 刷 | 安徽联众印刷有限公司 |
| E-mail | hfutpress@163.com | 发 行 | 全国新华书店 |

ISBN 978-7-5650-5248-4　　　　定价:39.80元

如果有影响阅读的印装质量问题,请与出版社营销与储运管理中心联系调换。

# 前　　言

劳动教育是新时代人才培养的迫切需要，是构建德智体美劳全面发展教育体系中不可或缺的一环，是大中小学必须开展的教育活动。为深入贯彻习近平总书记关于教育的重要论述，全面贯彻党的教育方针，落实《中共中央 国务院关于全面加强新时代大中小学劳动教育的意见》，2020 年 7 月，教育部印发了《大中小学劳动教育指导纲要（试行）》（以下简称《纲要》），明确要求在系统的文化知识学习之外，有目的、有计划地组织学生参加日常生活劳动、生产劳动和服务性劳动，让学生动手实践、出力流汗，接受锻炼、磨炼意志，培养学生正确劳动价值观和良好劳动品质。《纲要》要求在大中小学设立劳动教育必修课程；职业院校开设劳动专题教育必修课，不少于 16 学时，主要围绕劳动精神、劳模精神、工匠精神、劳动组织、劳动安全和劳动法规等方面设计；普通高等学校要将劳动教育纳入专业人才培养方案，本科阶段不少于 32 学时，课程内容应加强马克思主义劳动观教育，普及与学生职业发展密切相关的通用劳动科学知识，并经历必要的实践体验。

本教材是职业院校、普通高等学校学生劳动教育课程的通识必修教材，包括理论篇和实践篇两部分内容。理论篇主要介绍什么是劳动、劳动的分类、劳动的意义、劳动价值观以及大国工匠、科学家及劳模的劳动故事，强化学生劳动观念，弘扬劳动精神。实践篇包括手工制作、生活用品制作、工程实践劳动、艺术制作、家庭劳动和农业劳动，强调让学生身心参与，注重手脑并用。在发挥学生主体作用的同时，激发创新创造；在继承优良传统的同时，彰显时代特征。实践篇中的劳动项目精准把握了劳动教育的根本特征，让学生面对真实的个人生活和生产劳动，亲历实际的劳动过程，在充分发挥传统劳动、传统工艺项目育人功能的同时，紧跟科技发展和产业变革，融入新时代劳动工具和劳动技术。同时，这些劳动项目注重培养学生必备的劳动能力、积极的劳动精神，以及良好的劳动习惯和品质，关注学生劳动过程中的体验和感悟，引导学生感受劳动的艰辛和收获的快乐，鼓励学生在学习和借鉴他人丰富经验、技艺的基础上，尝试创新创造。

本教材是集体智慧的结晶。全书由朱华炳、李小蕴策划、实施和统稿，并担任主编；

桂贵生教授担任主审。

各章编写人员如下：

第 1 章由朱华炳、李小蕴编写；

第 2 章由李小蕴、游文标、焦宇泽、胡栩楷和阴昌绅编写；

第 3 章由李小蕴编写；

第 4 章由李伟、李小蕴编写；

第 5 章由胡友树、木素真编写；

第 6 章由尹成新、李小蕴编写；

第 7 章由沈鹏、李小蕴、胡友树和木素真编写；

第 8 章由沈鹏、李伟编写。

同时感谢合肥工业大学 2019 级詹茜缘、孙静维、章惠珊、王润佳、杨露、朱媛媛、汪苏田等同学提供的照片。

本教材注重劳动理论和劳动实践的结合，尤其在劳动实践教育方面进行了有益的探索，编者为此付出了大量的时间和精力，但由于新时代劳动实践教材还在初步探索阶段，教材的适应性需要在使用中进一步调整和完善，因此热忱欢迎广大使用者提出宝贵的意见和建议，以便再版时修订。

**编　者**

2021 年 5 月于合肥

# 目录

CONTENTS

## 理论篇



## 实践篇

# 理论篇

# 第1章 劳动概述

## 1.1 什么是劳动

劳动是整个人类生存和发展的必要条件，它既是人类社会从自然界独立出来的基础，又是人类社会区别于自然界的标志。劳动是创造物质财富和精神财富的活动，一般来说包括体力劳动和脑力劳动。这两种劳动既独立存在，又相互依存。农民种庄稼、厨师做菜主要是体力劳动；科学家从事研究工作、医生给病人看病主要是脑力劳动；工人操作机器设备生产工业产品，既是体力劳动也是脑力劳动。

以锤子为例，它是劳动工具，而制造锤子的过程则同时包含体力劳动和脑力劳动。

知识链接

### 1.1.1 常见的锤子

#### 1. 羊角锤

羊角锤是日常生活中最常用的锤子，主要用来敲钉子、起钉子和修理家具等，如图1-1所示。

#### 2. 检车锤

火车的安全至关重要，检车锤就是铁路日常安全检测所使用的工具，主要检查连接件是否有松动、机件是否失效，如图1-2所示。

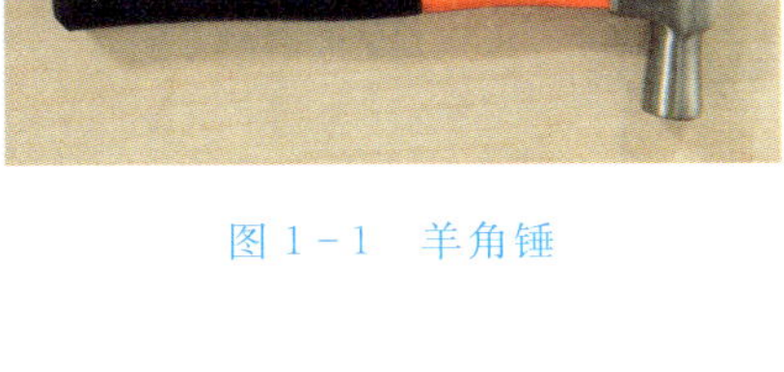

图1-1 羊角锤

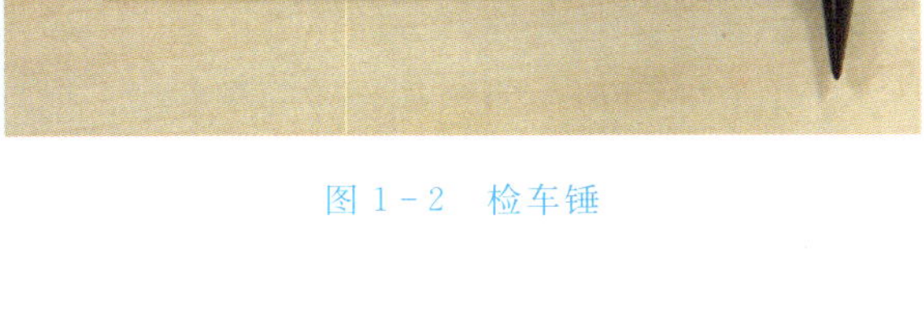

图1-2 检车锤

3. 地质锤

地质锤是地质工作中使用的基本工具之一，一般方头敲击岩石，使之破碎成块；用扁楔形的一端沿岩层层面敲击，可进行岩层剥离、取样，如图 1－3 所示。

4. 电焊锤

电焊锤是在焊接后敲击焊渣所使用的锤子，它可以通过敲打去除焊缝上的焊渣，将焊缝暴露出来，以检查焊缝的质量，如图 1－4 所示。

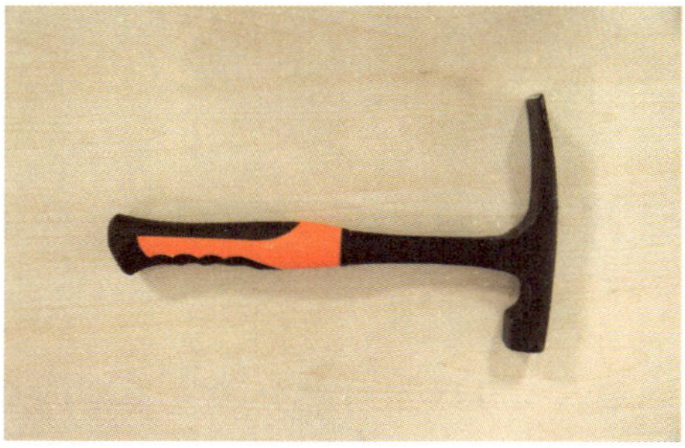

图 1－3　地质锤

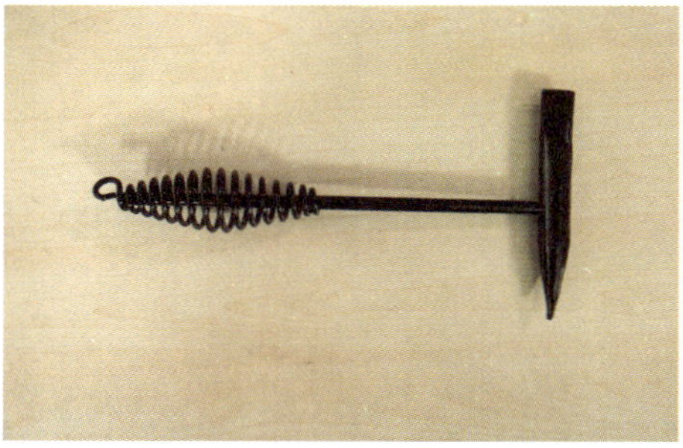

图 1－4　电焊锤

5. 墙面检验锤

验收房子的时候，使用此锤可以检验墙体质量，即通过敲击声辨别墙体是否有空鼓等质量问题，如图 1－5 所示。

6. 救生锤

救生锤又名安全锤，一般安装在汽车等封闭舱室的玻璃窗旁边，是一种辅助逃生工具。一旦汽车上发生火灾或汽车落入水中等紧急情况出现，可以使用此锤砸碎玻璃窗门进行逃生，如图 1－6 所示。

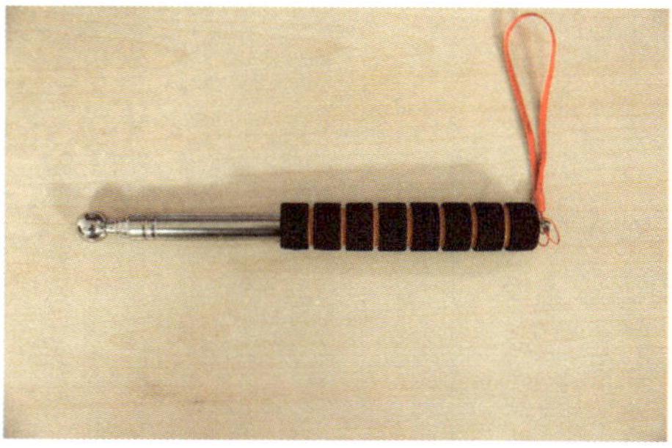

图 1－5　墙面检验锤

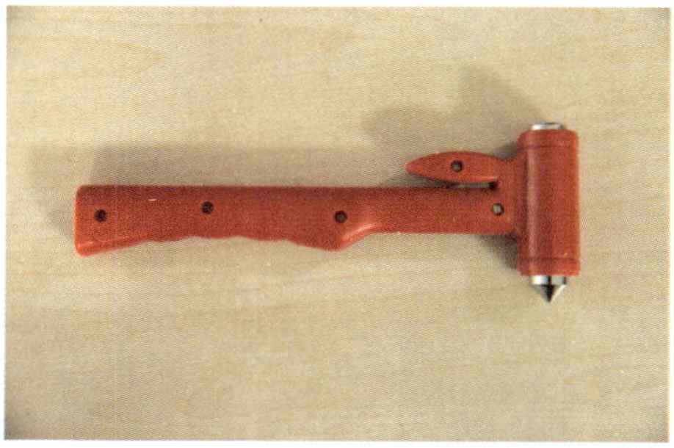

图 1－6　救生锤

7. 重型八角大锤

重型八角大锤是一种典型的体力劳动工具，一般用于工业采矿、砸墙装修等，也常见于火灾中的救援行动，如图 1－7 所示。

8. 橡皮锤

橡皮锤的锤头是用橡胶做的，它可以敲击一些容易破碎的物品，如安装瓷砖时，就可以用它，如图 1－8 所示。

图 1－7　重型八角大锤

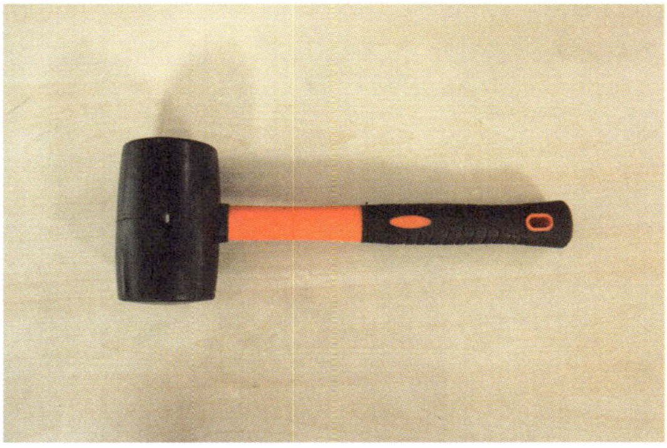

图 1－8　橡皮锤

9. 木锤

木锤可以敲击低硬度的物体表面，如安装通风管道时，为保护其镀锌表面不被损坏，在敲击时可以用木锤，如图 1－9 所示。

图 1－9　木锤

10. 工训锤

工训锤是学生工程实训时所做的锤子，如图 1－10 所示。

教学上常以工训锤制作为主线开展工程训练课程的实习实训，培养工科学生的工程实践能力，使其掌握机械制造的工艺过程。

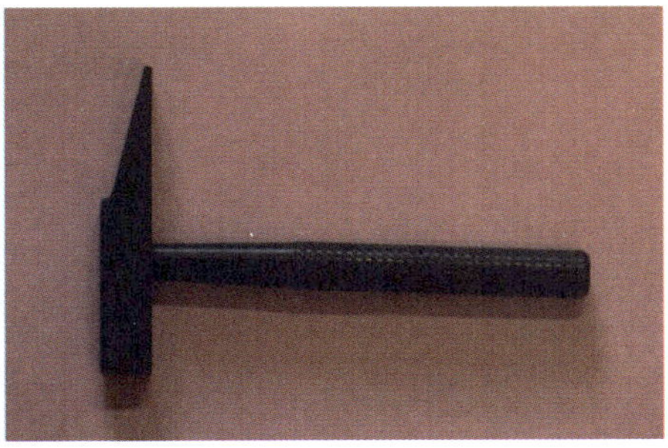

图 1－10　工训锤

知识链接

## 1.1.2　锤子的制作

锤子是由锤头和锤柄组成。制作锤子需要经过锻造、铣工、钳工、车工和热处理等工序。

1. 锻造制坯

选用直径为30毫米、长度为150毫米的45号圆钢为原料，锻成最终尺寸为长200毫米、宽20毫米、高20毫米的坯料。通过锻造，可以提高坯料的强度、硬度和耐磨性，如图1-11所示。

图1-11 锻造锤头坯料

2. 铣工、钳工加工锤头

锻造好的坯料经过铣削粗加工，切除坯料表面多余的金属材料，再通过钳工的锉削、画线、锯削、钻孔、攻螺纹等操作即可完成锤头的制作，如图1-12所示。

3. 车工加工锤柄

选用45号圆钢，经过车外圆、车端面、车锥面、车螺纹、倒角、滚花等操作，完成锤柄的加工，如图1-13所示。

图1-12 加工锤头

图1-13 加工锤柄

4. 热处理及表面处理

为提高锤头的硬度，需要对锤头进行淬火和低温回火处理。为了达到防锈、美观、耐蚀等目的，劳动者需要对淬火和低温回火后的锤头进行表面处理，如发黑或电镀。发黑是使金属表面产生一层氧化膜，以隔绝空气，达到防锈目的。外观要求不高时可以采用发黑处理，发黑处理后的锤头锤柄呈黑色。电镀是利用电解的原理在锤头和锤柄表面镀上一层金属。镀锌后的锤头、锤柄呈银白色。两种工艺处理过的小锤子如图 1－14 所示。

在小锤子的制作过程中，涉及的都是工业劳动。学生要学习操作各种机床设备，如车床、铣床、钻床等，使用各种工具、夹具和量具等。在此过程中，能使学生体会到即使是制作一把简单的锤子，其中也包含了许许多多的劳动，从而使学生在劳动实践中掌握了劳动知识、劳动技能，培养了热爱劳动的观念。具体而言：

第一，在劳动实践过程中，需要学习机械加工的精度。如通过量具的使用，学习尺寸公差等级和表面粗糙度的知识，建立精度的概念，了解尺寸精度对零件在装配和使用中的影响等，学生能切身体会精益求精的工匠精神。

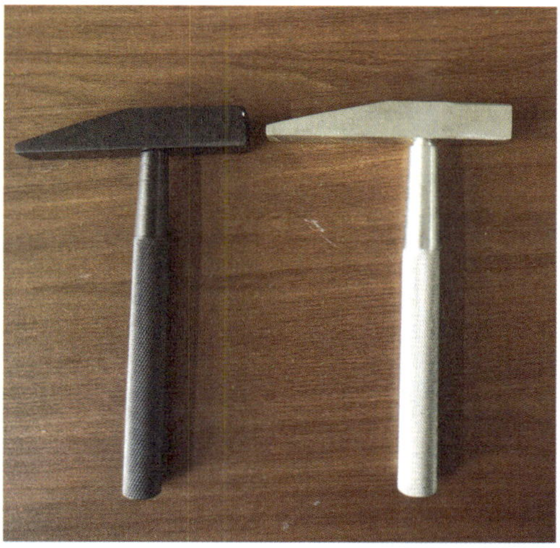

图 1－14　表面处理后的小锤子

第二，在劳动实践过程中，需要遵守安全操作规范，利于学生养成良好的劳动习惯。只有严格遵守职业规范，才能顺利完成目标任务。

第三，通过劳动实践的过程体验，学生可以养成热爱劳动、尊重劳动、勤于劳动、善于劳动的优秀品质，领会“幸福是奋斗出来的”的内涵和意义，做到知行合一，用劳动创造美好生活，将来可以运用所学知识进行创造性劳动来报效国家、奉献社会。

## 1.2　劳动的分类

知识链接

按分类方式不同，劳动可分为体力劳动和脑力劳动，也可分为常规劳动和创新劳动等。

### 1.2.1　体力劳动和脑力劳动

体力劳动是指以体力消耗为主的劳动。如农民在土地上耕作、工人在工厂中上班、服务员在饭店里服务等，这些都是体力劳动。脑力劳动是指以脑力消耗为主的劳动。

如教师在学校里教学、科学家进行科学研究、演员表演节目、程序员编写程序、医生给病人看病等，这些都是脑力劳动，如图 1-15 所示。

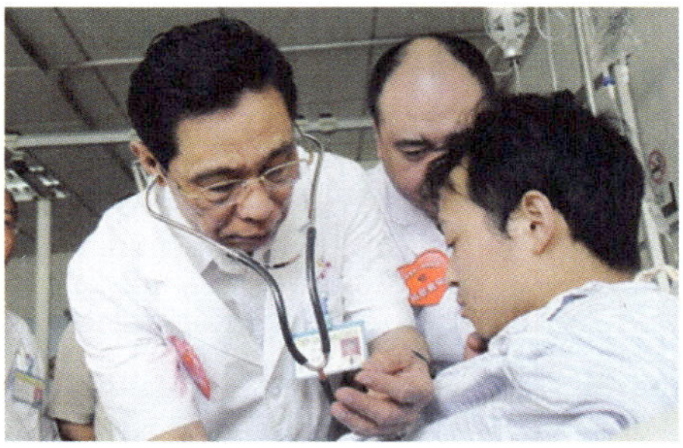

图 1-15　体力劳动和脑力劳动

在现实中的劳动常常是脑力劳动与体力劳动的结合，如新产品试制中的样机装配、分析图纸和装配工艺是脑力劳动，而搬运工作和手工调试则是体力劳动。在当今的社会中，体力劳动和脑力劳动已经出现了融合的趋势。

### 1.2.2　常规劳动和创新劳动

常规劳动，又叫重复劳动，是利用已有的知识经验和技能以常规方式对劳动对象进行加工或改造的劳动。如农民按农时种地、工人根据图纸加工零件、教师给学生进行验证性实验等都属于常规劳动。

有些常规劳动也需要运用高超的技能才能完成。在长征三号甲系列运载火箭的首台大喷管焊接中，高凤林连续奋战一个多月，凭借着高超的技艺，攻克了烧穿和焊漏两大难关，成功焊接出第一台大喷管，如图 1-16 所示。这项焊接工作虽然是首次进行火箭大喷管的焊接，工作难度大、技术要求高，但是它仍属于常规劳动。

创新劳动是运用新设计、新方法、新技术和新知识，以创新方式对劳动对象进行加工或改造的劳动，如所有的发明创造都是创新劳动。

图 1-16　焊接劳动中的高凤林

以近代社会发展为例，从第一次工业革命开始，创新劳动就一直伴随着近代社会的发展。蒸汽机的发明和改进是创新劳动，由此开始了第一次工业革命，开创了机械生产代替手工生产的时代；电力和内燃机的发明是创新劳动，它将人类带入电气时代；电子计算机的发明是创新劳动，它将人类带入了信息时代。由此看出，创新劳动对社会生产力产生了极大的推动作用，创新劳动成果加快了人类历史的发展进程，如图 1－17 所示。

图 1－17　创新劳动成果

创新劳动与常规劳动对生产力发展和社会进步都是不可缺少的，它们之间既对立又统一，在一定程度上，常规劳动是对创新劳动的重复，创新劳动是对常规劳动的突破。创新劳动在推动生产力和社会发展与进步，特别是跨越式发展和革命性进步中，居首要地位，起超常作用。创新是一个民族进步的灵魂，是一个国家兴旺发达的不竭动力。中华民族要实现伟大复兴，中国要从制造业大国向制造业强国迈进，必须依靠创新驱动。

# 1.3　劳动的意义

劳动对社会发展和个人成长、成才都有重要的意义。

知识链接

## 1.3.1　劳动对社会发展的重要意义

### 1. 劳动是人类赖以生存和发展的基础

恩格斯曾说过："劳动创造了人本身。"几百万年前，人类的祖先在长期的生活中，为了某种实际需要开始直立行走，从此解放了双手，这是人类进化史上重要的一个转折点。手脚分工之后，他们开始用双手捕获食物、防御敌人、建筑房屋等，这就是他们进化成人类的开端，如图 1-18 所示。劳动是人之所以为人的根本原因。

图 1-18　劳动创造了人类

在现实生活中，劳动的意义更体现在它给我们带来的物质财富与精神财富上，在这些财富中，最宝贵的是劳动能帮助人实现自我价值。如教师把知识传授给学生，从而使自己成为人类灵魂的工程师；医生为病人解除病痛，从而使自己成为白衣天使；作家把智慧诉诸文字，从而使自己成为人类精神食粮的创造者；等等，如图 1-19 所示。只有通过劳动，才能体现出个人价值，而这些价值才是人类生存在这个世界上的意义。

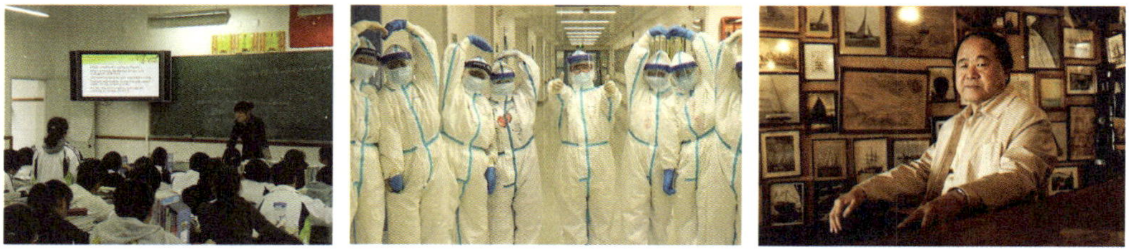

图 1-19　劳动能帮助人实现自我价值

2. 劳动创造了适宜人类生活的世界

人类经过长时间的辛勤劳动，充分利用自然界的力量，使它们为人类服务。如人类掌握了四季变化的规律，学会了种植农作物，为自己提供了稳定丰富的食物；人类修建了水力发电厂，利用水位差产生的动能进行发电，供给自己使用。

随着技术的进步、劳动的发展，人类越来越了解自然界运动和发展的规律，利用这些规律进行有目的的劳动，在地球上永久地留下了自己劳动的痕迹。劳动建造了人类的容身之处，提供了“丰衣足食”，并创造了适合人类生活的世界，如图 1-20 所示。

3. 劳动不断推动人在社会的发展

劳动是人类的本质活动，是推动人类社会进步的根本力量。从原始社会发展到现代科技社会，时代变迁、斗转星移，但劳动的“本性”未变。正是劳动，让人类从原始的结绳

图 1－20　劳动创造了适合人类生活的世界

记事、钻木取火走向现代文明。纵观当今社会，虽然科技发展日新月异，技术创新层出不穷，但是这一切都是以人的“劳动”为前提的。

我国经济社会的发展，每前进一步都离不开亿万人民的辛勤劳动。我国国内生产总值居世界第二，是广大劳动人民辛勤劳动的成果；国产航母下水、大型客机试飞成功、载人航天飞船遨游太空，如图 1－21 所示，是科技工作者和大国工匠忘我劳动的结晶。

图 1－21　神舟飞船遨游太空

## 1.3.2　劳动对个人成长和发展的重要作用

### 1. 劳动可以促进身心健康发展

生理方面，劳动使人肌肉坚实、百脉通畅，如图 1－22 所示，经常参加劳动的人食欲旺盛、吃得香甜、睡得安然；心理方面，通过劳动可以取得劳动成果，实现自我价值，使人获得慰藉感、充实感、愉悦感。

图 1-22　劳动使人健康

2. 劳动能赋予人创造美好生活的知识和技能

通过劳动可以帮助青年学生更加深刻地理解课堂上所学的理论、概念、方法等知识，通过劳动还可以把所学知识利用起来、学以致用。这将使学生的学习更加深刻，使其所学知识得到更好的内化和升华，如图 1-23 所示。

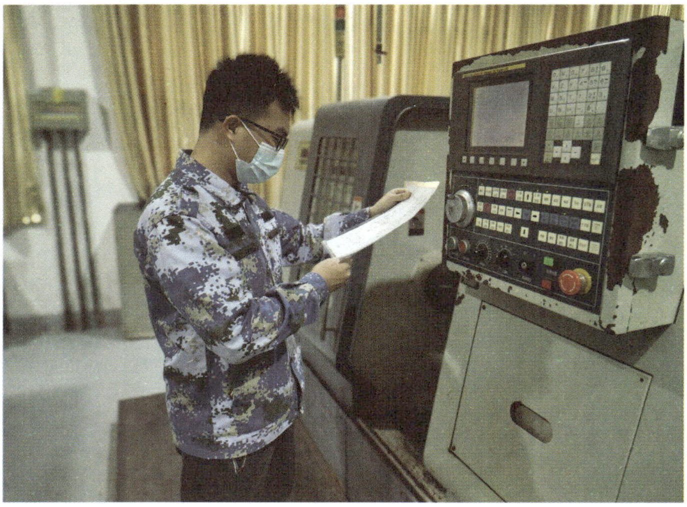

图 1-23　学生在进行劳动实践

要想获得高超的技能必须通过劳动实践。“蛟龙号”是中国首个大深度载人潜水器，有十几万个零部件，组装最大的难点在于密封性，精密度要求达到了“丝”级。同学们知道“丝”级是什么单位吗？机械加工中把 0.01 毫米叫作“1 丝”。而在中国载人潜水器的组装中，能实现这个精密度，正是因为钳工顾秋亮有着这样的绝活儿，顾秋亮被人称为“顾两丝”。40 多年来，他埋头苦干、踏实钻研、挑战极限，才能让他获得高超的技能，让他赢得潜航员托付生命的信任，也见证了中国从海洋大国迈向海洋强国，如图 1－24 所示。

图 1－24　“蛟龙号”上工作的顾秋亮

通过劳动还可以能够培养同学们艰苦奋斗、吃苦耐劳的优秀品质，帮助其养成良好的生活习惯等，而这些都是实现个人全面发展的必备素质。

## 1.4　劳动价值观

马克思主义劳动价值观是马克思主义理论的重要基础。马克思把劳动定义为人和自然之间互动的一个过程，是人通过自身的活动中介，调整和控制人和自然之间的物质变换的过程，是人们有目的、有意识地运用自己的体力和智力改造自然界和人类社会的实践活动。

知识链接

当马克思主义劳动价值观传入中国后，与中国传统文化完美融合，经过继承与发展逐步形成社会主义劳动价值观。其主要包括三个方面的内容：以热爱和崇尚劳动为主的劳动最伟大、最光荣，劳动具有最崇高的价值取向；尊重和肯定以劳动者地位为要义的劳动创造财富、创造幸福的劳动态度；弘扬和践行以劳动精神和工匠精神为内核的职业追求。

从本质上来说，马克思主义劳动价值观与中华文明特性高度契合。中华民族是勤于劳动、善于创造的民族，劳动是镌刻在中华民族灵魂深处的优秀传统，劳动美德贯穿整个华夏历史。正是因为劳动创造，我们才拥有了历史的辉煌；也正是因为劳动创造，我们才拥有了今天的成就。

“洪水来了，不问先知，自己开山挖渠；疫病流行，不求神明，自己试药自己治。”这就是中华民族朴素勤劳奋斗的劳动精神，是中华民族几千年来用双手去抗击灾难困苦的不屈历程。

五千年灿烂的中华文明是中华民族的骄傲，一代又一代的先辈用勤劳智慧的双手创造了令世界叹服的奇迹，如图 1 - 25 所示。斗转星移，沧海桑田，时光如白驹过隙，新时代的劳动者向全世界展示了什么叫作“中国奇迹靠劳动书写”。

图 1 - 25　李时珍尝百草

2020 年，整整 4 万名建设者仅用 10 天 10 夜就建成了火神山和雷神山医院，如图 1 - 26 所示。一位位朴实的劳动者日夜鏖战，用实际行动诠释了什么是“中国速度”。一个个举世瞩目的成果，让中外网友们瞬间沸腾。

习近平主席在 2021 年新年贺词中提到了“天问一号”“嫦娥五号”“奋斗者”号等科学探测实现重大突破，现行标准下近 1 亿农村贫困人口全部脱贫，粮食生产实现“十七连丰”……这些成就凝结着新时代劳动者的心血和汗水，彰显了不同凡响的“中国力量”。从“空谈误国”到“实干兴邦”，再到“撸起袖子加油干”，中华民族伟大复兴，始于梦想必成于实干，是劳动让中华民族迎来了从站起来、富起来到强起来的伟大飞跃。

“中国速度”“中国力量”彰显了“大国工匠”的风范，中国声音让世界倾听。中国人，一直在劳动、一直在建设、一直在奋勇前行，这就是中华民族不可亵渎的劳动精神。

图 1 - 26　火神山医院建设现场

# 第 2 章 劳动人物故事

## 2.1 大国工匠的故事

### 2.1.1 发动机焊接第一人——高凤林

2014 年，在德国纽伦堡国际发明展上，一名来自中国的技术工人高凤林获得三项金奖，震惊了世界。

知识链接

20 世纪 90 年代，我国在设计长征三号甲系列运载火箭的新型大推力氢氧发动机时，其大喷管的焊接一度成为研制瓶颈。火箭大喷管延伸段由 248 根壁厚只有 0.33 毫米的细方管组成，全部焊缝长达 900 米，焊枪多停留 0.1 秒就有可能把管子烧穿或者焊漏。在首台大喷管的焊接中，高凤林连续昼夜奋战一个多月，腰和手臂麻木了，每天晚上回家都要用毛巾热敷才能减轻痛苦。凭借着高超的技艺，高凤林攻克了烧穿和焊漏两大难关，成功焊接出第一台大喷管，如图 2－1 所示。

但随后的 X 光检测却显示，大喷管的焊缝有 200 多处裂纹，面临着被判“死刑”的命运。高凤林异常镇定，他从材料的性能、大喷管结构特点等展开分析，最终判断出：裂纹是假的。经过剖切试验，在 200 倍的显微镜下显示，所谓的“裂纹”，确实只是焊漏与方管壁的夹角所造成的假象。就此，我国第一台大喷管被成功送上试车台，新型大推力发动机的成功应用，使我国火箭的运载能力得到大幅提升。

图 2－1　高凤林

2007 年 9 月，在长征五号研制的关键时刻，发动机内壁在试车时出现烧蚀。现场专家焦灼地联系高凤林求援，他带着助手赶到现场。现场操作台10米开外就是易燃易爆的大型液氢储罐，脚下是几十米深的山涧。由于故障点无法观测、操作空间异常狭小，仅能硬塞一只手臂进去，高凤林只能凭着多年的操作经验“盲焊”。最终，在夜晚来临前，他成功地排除了故障，被发动机总设计师戏称“通过了国际级大考”。

“不仅会干，还要能写出来指导别人干。”高凤林著有论文30多篇，每年授课120课时以上，听众达数千人次。在操作难度很大的发动机喷管对接焊中，高凤林研究产品的特点，灵活运用所学的高次方程公式和线积分公式，提出了“反变形补偿法”进行变形控制，这一工艺获得了国家科技进步二等奖。

2011年，人力资源和社会保障部以高凤林的名字，命名了国家级技能大师工作室，这也是首批国家级技能大师工作室之一。2015年，高凤林劳模创新工作室又获得挂牌。

### 2.1.2 导弹“翅膀”的雕刻师——曹彦生

知识链接

空气舵是导弹的重要构件，犹如导弹的翅膀，直接影响着导弹的发射及飞行，曹彦生可以用数控机床“精雕细琢”空气舵，如图2-2所示。曹彦生所在的“马景来工作室”是航天科工集团众多大师工作室中的标杆，专攻数控加工难题，是高端技能人才的孵化基础。这个18人的工作室，已有7人获得全国五一劳动奖章，11人获“全国技术能手”称号，诞生了5位全国技能大赛冠军。2020年11月18日，在第十四届航空航天月桂奖颁奖典礼上，曹彦生被授予大国工匠奖。

在学生时代，曹彦生就对数控加工技术产生了浓厚的兴趣，并自学了相关知识。在课余时间和假期，曹彦生在学校的数控实训中心主动帮老师看门、做杂活，借机学习数控加工技术。这股子执着的精神令老师动容，在老师的指导下，他掌握了独立操作设备进行编程加工的能力。

2005年，刚毕业的曹彦生满怀梦想和憧憬，来到283厂工作。然而，当时的厂房环境不够现代化。每天，他将沉重的导轨抬上龙门铣床，穿着大头皮鞋，来回蹚在冷却液中，双脚时常被浸透。任务紧张时，他每天都主动工作14个小时以上。为了确保加工过程万无一失，曹彦生自学了仿真软件，将先进的五轴加工技术和仿真技术结合起来。经过不懈努力，他最终加工出来的“导弹翅膀”的对称度达到了要求。

图2-2 曹彦生

曹彦生还首次将高速加工技术

和多轴加工技术结合，发明了“高效圆弧面加工法”，为航天企业节省生产成本数千万元。他提出的多项新型加工理念，使得在加工蜂窝材料、铝基碳化硅复合材料等新材料时的瓶颈问题迎刃而解，为航天装备新材料选用提供了有力保障。

### 2.1.3　“蛟龙号”上的“两丝”钳工——顾秋亮

“蛟龙号”是中国首个大深度载人潜水器，有十几万个零部件，组装最大的难点在于密封性，精密度要求达到了“丝”级。这样才能保证没有高压海水渗透到潜水器，才能保证潜水器里人员的生命安全。顾秋亮说：“安装的难点就在于球体跟玻璃的接触面要控制在 0.2 丝以下……”0.2 丝相当于一根头发丝的 1/50，用精密仪器来控制这么小的间隔或许不难，可难就难在载人舱观察窗的玻璃异常娇气，不能接触任何金属仪器。一旦摩擦出一个小小的划痕，在深海几百个标准大气压下，玻璃窗就可能漏水甚至破碎，从而危及人员安全，后果不堪设想，所以安装潜水器观察窗玻璃是组装载人潜水器时精密度要求最高的工作。

知识链接

2004 年，“蛟龙号”开始组装，顾秋亮和他“师傅级”的前辈们一起被抽调到这个项目上，如图 2－3 所示。凭着“两丝”的功力，顾秋亮被任命为装配组组长。“蛟龙号”组装没有可以借鉴的经验，顾秋亮与组员只能一点点摸索。时间长了，顾秋亮两只手基本上没有纹路了，上下班打卡都成问题。正是顾秋亮多年的埋头苦干、踏实钻研、挑战极限，让他赢得潜航员托付生命的信任，也见证了中国从海洋大国向海洋强国的迈进。

图 2－3　顾秋亮在车间钻孔

一份专注，淬炼出时光的品质；一份坚守，琢磨出情怀的精致。他们的手，有毫厘千钧之力；他们的眼，有秋毫不放之工。他们兢兢业业，让平凡有了梦想的温度；他们精益求精，用执着追上灵魂的脚步。他们是大国工匠，是“中国制造”的时代精神。

## 2.2　科学家的故事

### 2.2.1　中国载人航天奠基人——钱学森

钱学森是享誉海内外的杰出科学家，一位美国将领称钱学森“在任何情况下都抵得上

知识链接

5个师的兵力”，如图2-4所示。他是我国航天事业的奠基人，怀揣着以“两弹一星”为重要标志的新中国“强国梦”，坚信“外国人能造出来的，我们中国同样能造得出来”。

1955年，钱学森冲破千难万险，带着全家回到祖国。自此，钱学森为新中国航天事业的发展殚精竭虑、鞠躬尽瘁。也正因为钱学森回国效力，中国导弹、卫星的发射时间向前推进了至少20年。

1956年初，钱学森向中共中央、国务院提出《建立我国国防航空工业的意见书》。同时，他组建中国第一个火箭和导弹研究机构——国防部第五研究院并担任首任院长。他主持完成“喷气和火箭技术的建立”规划，参与近程导弹、中近程导弹和中国第一颗人造地球卫星的研制，直接领导用中近程导弹运载原子弹“两弹结合”试验，参与制定中国近程导弹运载原子弹“两弹结合”试验，参与制定中国第一个星际航空的发展规划，发展建立工程控制论和系统学等。在他的努力和带领下，1964年10月16日中国第一颗原子弹爆炸成功，1967年6月17日中国第一颗氢弹空爆试验成功，1970年4月24日中国第一颗人造地球卫星发射成功。

图2-4 钱学森

钱学森在20世纪40年代就已经成为航空航天领域内最为杰出的代表人物之一，成为20世纪众多学科领域的科学群星中极少数的巨星之一，也是为新中国的成长做出无可估量贡献的老一辈科学家团体中影响最大、功勋最为卓著的杰出代表人物之一，是新中国爱国留学归国人员中最具代表性的国家建设者，是新中国历史上伟大的人民科学家。

知识链接

钱学森一生默默治学。他所选择的是一个科学家的最高职责和一个中华儿女的最高使命。他一生的经历和成就，在中国的国家史、华人的民族史和人类的世界史上留下了耀眼的光芒。作为中国航天事业的先行人，他是知识的宝藏、科学的旗帜，是民族的脊梁和全球华人的典范。他以国为重、以科学为重。“五年归国路，十年两弹成”，他是开创中国航天事业的先行人，他是中华民族知识分子的典范！

### 2.2.2 诺贝尔奖获得者——屠呦呦

屠呦呦是第一位获得诺贝尔科学奖项的中国本土科学家，她的突出贡献是发现并分离了新型抗疟药青蒿素和双氢青蒿素，如图 2-5 所示。

1972 年，她成功提取分子式为 $C_{15}H_{22}O_5$ 的无色结晶体，命名为青蒿素。2011 年 9 月，因发现青蒿素——一种用于治疗疟疾的药物，挽救了全球特别是发展中国家数百万人的生命，她获得拉斯克奖和葛兰素史克中国研发中心“生命科学杰出成就奖”。2015 年 10 月，她获得诺贝尔生理学或医学奖。

图 2-5　屠呦呦

1955 年，屠呦呦从北京大学医学部毕业后，被分配在中国中医科学院中药研究所工作。那时人们正饱受疟疾的折磨，疟疾是一种严重危害人类生命健康的世界性流行病。世界卫生组织报告，全世界约 10 亿人口生活在疟疾流行区，每年约 2 亿人患疟疾，百余万人被夺去生命。特别是 20 世纪 60 年代初，全球疟疾疫情难以控制，世界各国无不在苦寻理想的抗疟新药。1969 年，中国中医科学院中药研究所接受抗疟药研究任务，屠呦呦任科技组组长。屠呦呦领导课题组从系统收集整理历代医籍、本草、民间方药入手，在收集 2000 余方药的基础上，编写了包括 640 种药物的《抗疟单验方集》，并对其中的 200 多种中药开展实验研究。历经 380 多次失败，她利用现代医学技术和方法进行分析研究，不断改进提取方法，终于在 1972 年发现了青蒿素。这一医学发展史上的重大发现，每年在全世界，尤其在发展中国家，挽救了数以百万计疟疾患者的生命。

知识链接

### 2.2.3　杂交水稻之父——袁隆平

袁隆平从 20 世纪 60 年代开始致力于杂交水稻的研究，经过 12 年的努力，成功培育出了“三系杂交稻”，如图 2-6 所示。1976—1987 年，他培育的杂交水稻种植面积累计达到 11 亿亩，增产稻谷约 1 亿吨。1979 年，杂交水稻作为我国第一个农业技术专利转让美国。之后，他又研制出一批比现有三系杂交水稻增产 5%～10% 的两系品种间杂交组合。

图 2-6　袁隆平

如今，我国大江南北的农田普遍种上了袁隆平研制的杂交水稻。杂交水稻的大面积推广应用，为我国粮食增产发挥了重要作用。

袁隆平的杂交水稻引起了世界的关

注，许多国家的专家到中国来取经，印度、越南等 20 多个国家和地区还引种了杂交水稻。袁隆平的努力，也为解决世界粮食短缺问题做出了贡献。

## 2.3 劳模的故事

### 2.3.1 全国著名的劳动模范——铁人王进喜

知识链接

王进喜是黑龙江省大庆市大庆油田石油工人，是全国著名的劳动模范。1960 年春，我国石油战线传来喜讯——发现大庆油田，一场规模空前的石油大会战随即在东北大平原上展开。王进喜从西北的玉门油田率领 1205 钻井队赶来，加入了这场石油大会战。一到大庆，呈现在王进喜面前的是许多难以想象的困难。没有公路，车辆不足，吃和住都成了问题，但王进喜和他的同事下定决心：有天大的困难，也要高速度、高水平地拿下大油田。在困难面前，王进喜带领全队靠人拉肩扛，把钻井设备运到工地，以“宁可少活二十年，拼命也要拿下大油田”的顽强意志和冲天干劲，苦干 5 天 5 夜，打出了大庆第一口喷油井。在随后的 10 个月里，王进喜率领 1205 钻井队和 1202 钻井队，在极端困苦的情况下，克服重重困难，双双达到了年进尺 10 万米的奇迹。在那些日子里，王进喜身患重病也顾不得到医院去看；钻井砸伤了脚，他拄着双拐指挥；油井发生井喷，他奋不顾身跳进泥浆池，用身体搅拌水泥压井，被人们誉为“铁人”，如图 2-7 所示。在大庆油田工作的 10 年中，王进喜为我国石油事业的发展立下了汗马功劳，曾获“全国劳动模范”等光荣称号。王进喜展现出的“铁人精神”，激励着一代代的石油工人。

图 2-7 王进喜跳入泥浆中用身体搅拌水泥压制井喷

### 2.3.2 汉字激光照排系统之父——王选

王选是计算机文字信息处理专家，计算机汉字激光照排技术创始人，当代中国印刷业革命的先行者，被誉为“汉字激光照排系统之父”，他曾荣获国家最高科学技术奖。

1975 年，当王选听说国家“汉字信息处理系统工程”（简称“748 工程”）中有个“汉字精密照排系统”项目时，他独具慧眼，被其巨大的难度和价值深深吸引，凭借着用计算机等先进技术改变我国落后的铅排印刷面貌的一腔豪情，王选拖着病弱的身体开始了研究，他的人生也由此发生了重大转折。

知识链接

他发明的汉字信息处理与激光照排技术，使我国的印刷业告别了上百年的铅与火，迎来了光与电，一步跨越了西方走过的 40 年，因此他又被誉为“当代毕昇”。他带来继活字印刷术后中国印刷界的“第二次革命”。因为他，汉字和中华文化的传承与发展进入信息化时代，如图 2-8 所示。在全世界的各个角落，只要你阅读中文书籍报刊或用电子设备获取、传输中文信息，你就应该感谢一个人——王选。

图 2-8　王选介绍方正电子激光照排系统在媒体上的应用

他勤奋严谨、求实创新、努力拼搏、勇攀高峰的作风赢得了大家的尊重和好评。在科研成果和崇高荣誉面前，他始终强调这些成果是集体智慧的结晶。他把科研事业当作毕生的追求，以提携后学为己任，为祖国培养出一批批年轻的学术骨干。作为一名计算机应用专业的博士生导师和北京大学计算机研究所所长，他十分注重培养学生和年轻技术骨干严谨勤奋的科研作风，经常鼓励和帮助他们选择具有挑战性且应用前景光明的课题，激发他们的创造性和积极性。

### 2.3.3　全国五一劳动奖章获得者——杨善林

知识链接

杨善林是全国五一劳动奖章获得者、中国工程院院士、合肥工业大学管理学院教授。他主要从事智能决策理论与方法、信息系统理论与技术，以及复杂产品开发和先进制造工程管理的理论方法与技术的研究工作，为复杂产品开发的工程管理理论框架的构建、先进制造工程管理中的优化理论与方法的研究做出了重要贡献。2020 年疫情暴发后，72 岁的杨善林亲自带领科研团队，用 20 多天的时间研发出新型冠状病毒肺炎防控远程交互系统。这套系统能够实现隔离病房患者、病区医生和异地指导医生的移动远程交互，还能与医学影像、医学文本、电生理信号等多模态数据进行交互。该系统在实现数据交换、解析、分析和权限控制的同时，可对数据进行严格保密，从而保护患者隐私。在疫情期间，系统可降低医护人员交叉感染概率，减少医疗资源消耗，提高救护效率，如图 2－9 所示。

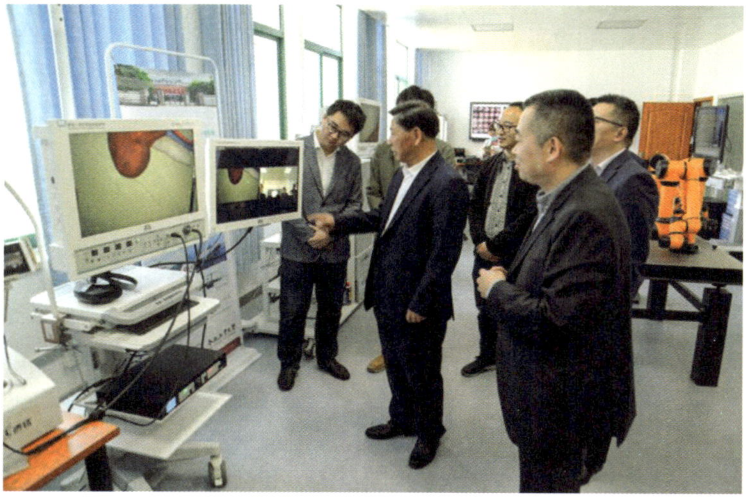

图 2－9　杨善林将智能移动医用远程交互服务系统技术应用于疫情防控一线的医院

# 实践篇

# 第3章 手工制作

手工制作是一种很好的劳动教育方式，通过制作，可以让同学们了解手工制作的工艺过程，体验劳动带来的成功喜悦并使作品获得他人的欣赏。在繁忙的学习生活中，手工制作可以很好地缓解精神压力，带来莫大的精神享受。

本章就带领同学们进入手工制作的世界，并通过对手工项目制作过程的介绍，引燃同学们对手工制作的热情，培养同学们热爱劳动、热爱手工制作的情感。

## 3.1 古风花伞的制作

伞除了遮风挡雨、遮阳防晒外，还有装饰衬托的功能。如今，汉服在年轻人中越来越受到追捧，美丽的女子身着汉服，并搭配一把古风花伞，更能衬托古典的美。今天就来教大家制作古风花伞，可以用来搭配汉服。

### 3.1.1 目的与意义

通过手工制作古风花伞，引导同学们了解汉服、汉服配饰及汉服文化，了解中国传统文化的博大精深。

### 3.1.2 准备工作

#### 1. 材料

绢布伞1把，珠帘串、绢花、珍珠链、珍珠线、绸带（1厘米或2厘米宽均可）、仿真散珍珠若干。

#### 2. 工具

热熔胶枪1把，胶棒10根。

### 3.1.3 劳动步骤

#### 1. 缝制珠帘串

打开绢布伞，选取适当长度珠帘串，在伞骨末端用珍珠线缝制连接，如图3-1所示。一长一短交替进行，也可根据个人喜好选择适当长短的珠帘串进行搭配。

2. 搭配飘带

飘带可以选取宽一点的绸带，比如 2 厘米宽的，也可以选 1 厘米宽的，将其在伞骨和伞面的缝隙间穿过打结，剪裁边缘记得用火燎一下以防抽丝，绸带长度可根据自己喜好确定。完成后效果如图 3-2 所示。

图 3-1　缝制珠帘串

图 3-2　搭配绸带

3. 伞面粘贴珠帘串和绢花

准备颜色相近的绢花与珍珠链，进行搭配点缀。首先预热热熔胶枪，通过几分钟的等待，待热熔胶完全加热后，手指轻压热熔胶枪的扳扣，在伞面适当的位置涂适量热熔胶，然后粘贴绢花，如图 3-3 所示。在空白的部分沿着伞骨涂适量热熔胶粘贴珠帘串，如图 3-4所示。使用热熔胶枪时要注意安全，避免烫伤。

图 3-3　粘贴绢花

图 3-4　粘贴珠帘串

4. 呈现完成效果

上述工作完成后，伞面装饰完毕，效果如图 3-5、图 3-6 所示。

图 3－5　完成后效果图

图 3－6　外景图

## 3.1.4　核心与关键点

（1）创意设计，包括珠帘串的长短搭配、绢花的布置等要错落有致，并且要有美感。

（2）珠帘串缝制要结实，针线与伞面要融合。

（3）热熔胶枪的使用，既要粘贴结实又不能烫坏伞面，熔胶量要适当，不可过多也不可太少。

## 3.1.5　评价与感受

### 1. 评价

评价内容见表 3－1 所列，采用三级分制，即优秀、良好、合格。

表 3－1　古风花伞制作评价表

| 评价项目 | 自评结果 | 互评结果 | 师评结果 | 改进建议 |
| --- | --- | --- | --- | --- |
| 造型美观 | | | | |
| 创意特色 | | | | |
| 制作水平 | | | | |
| 色彩搭配 | | | | |

2. 感受

通过参与本次手工制作，同学们学习了古风花伞的制作过程，对自己的作品满意吗？在制作过程中有什么收获与感受，有哪些地方还需要改进？一起来谈一谈吧。

### 3.1.6 延伸与思考

1. 延伸

汉服为何越来越流行？

（1）在社会大背景和日益活跃的新型元素驱使下，人们发觉只有民族的才是世界的。为了发扬传统文化，所以很多人愿意穿汉服。

（2）随着我国国力发展和国际地位的不断提升，民族自豪感也逐步提升，越来越多的人选择穿汉服，他们觉得这是彰显民族自豪感的一种体现。

（3）更多人趋于对传统文化和价值观的追求，所以期望传统文化和价值观能够回归现代，汉服的流行正是人们向往传统文化和价值观的一种体现。

（4）在欢度传统节日或者游玩传统的旅游景点时，身着汉服能让人们有一种重游历史的感觉，同时也使节日和景观融合成一体，这不就是"仪式感"嘛！

2. 思考

（1）你了解汉服吗，它们都有什么款式？

（2）与汉服配套的还有很多饰品，例如古风斗笠，如图 3－7 所示。你能设计并制作一个吗？

图 3－7　古风斗笠

# 3.2　缠花簪子的制作

缠花是闽南地区的一种传统手工工艺，属于非物质文化遗产。民间缠花是用彩色丝线缠绕人造或实物坯架而制成的工艺美术品，传承仅限于师徒口耳相传或家族传授，集合了水墨画、剪纸、立体刺绣等工艺的显著特点，是一种独特的民间手工技艺。

## 3.2.1　目的与意义

对于缠花，许多人都会感到陌生，但作为我国一种传统工艺项目，缠花自带艺术气息，学习缠花工艺，不仅可以陶冶情操，还可以学习中国传统文化和传统手工艺，可谓一举两得。

## 3.2.2　准备工作

### 1. 材料

细金属丝、硬质纸板、丝线、花蕊、配珠、主体（钗）若干，如图 3－8 所示。

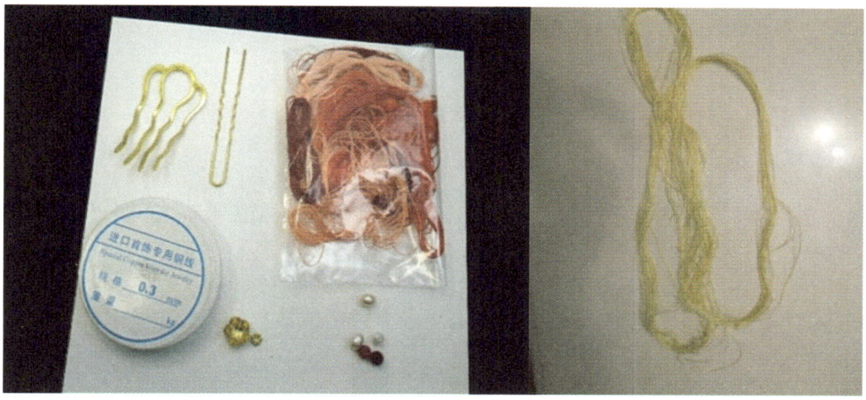

图 3－8　缠花材料

### 2. 工具

水笔 1 支、剪刀 1 把、白乳胶 1 管。

## 3.2.3　劳动步骤

### 1. 制作花样

构思自己所要制作的花样，之后在硬纸板上绘出图样并将其裁剪下来。对于重复图样可先做个模子，之后在纸上重复描画，描画后剪下所有部件，如图 3－9 所示。

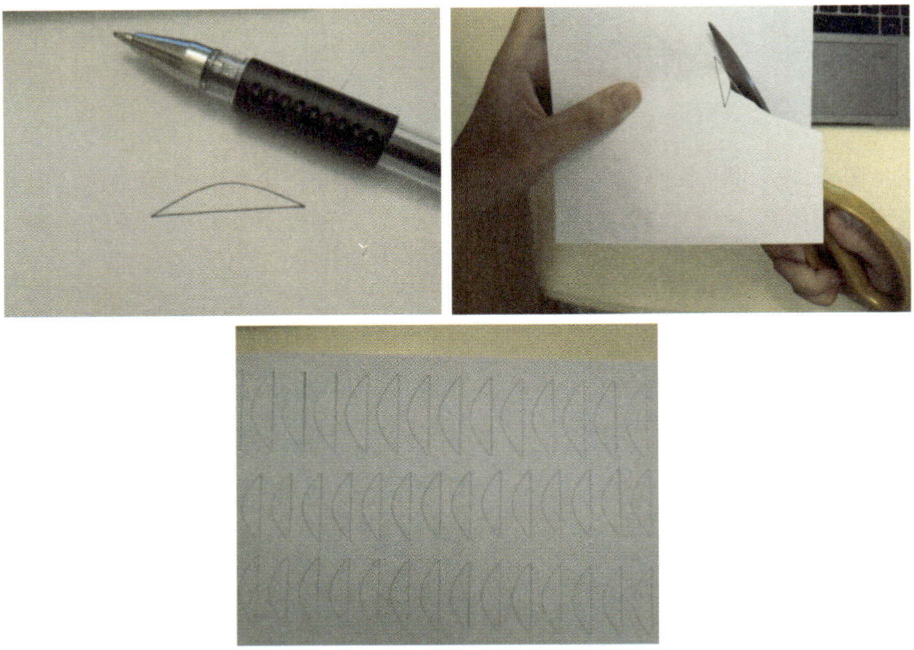

图 3-9　制作花样

2. 剪铜丝

铜丝的长度＝花瓣长度×2＋5 厘米，剪下备用，如图 3-10 所示。

3. 将花样与铜丝粘贴

在细铜丝的中间位置涂抹少量白乳胶，然后将图样端部紧贴细铜丝上的白乳胶处，如图3-11 所示。

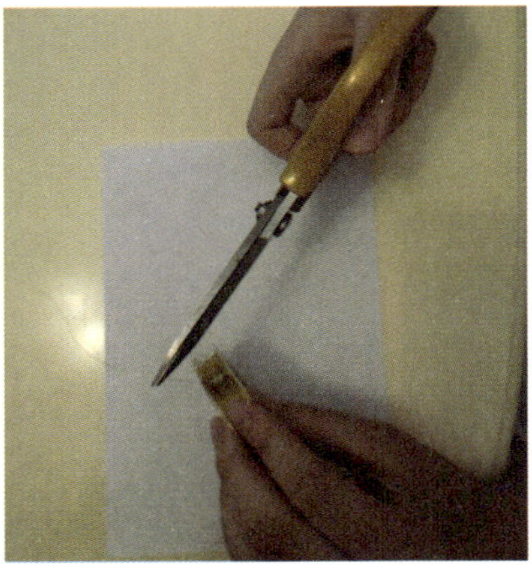

图 3-10　剪铜丝

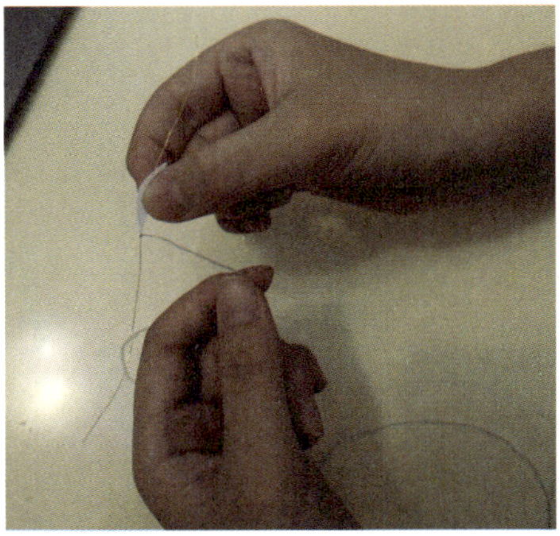

图 3-11　将花样与铜丝粘贴在一起

4. 缠线

将花样与铜丝粘贴在一起后，用力掐住，将丝线逐道均匀缠完整个图样。之后，可以将铜丝弯成自己想要的样子。再在末尾处将铜丝扭紧，剪断多余铜丝，依次完成其他图样的缠丝。最后将图样组装起来，如图 3－12 所示。

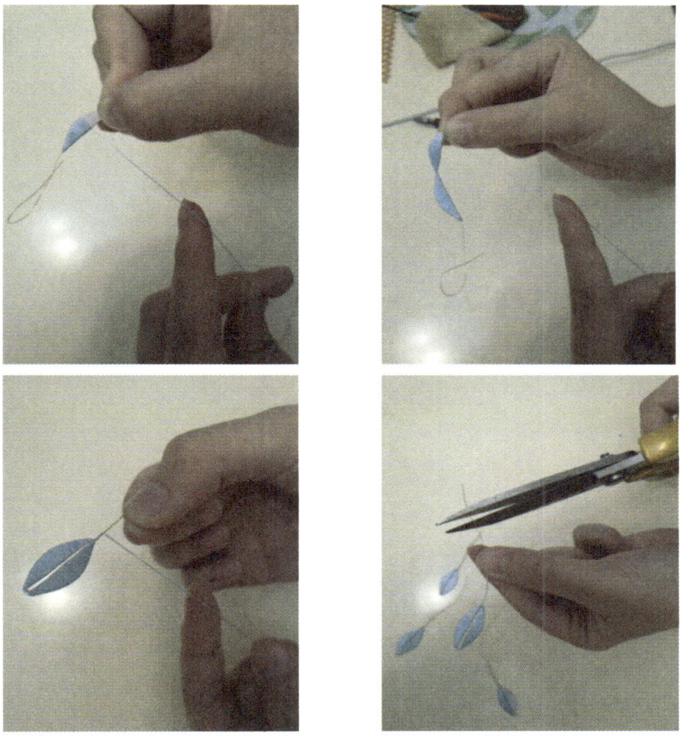

图 3－12　缠线

5. 制作花蕾

制作花蕾部分，用铜丝穿过珠子并固定好即可，如图 3－13 所示。

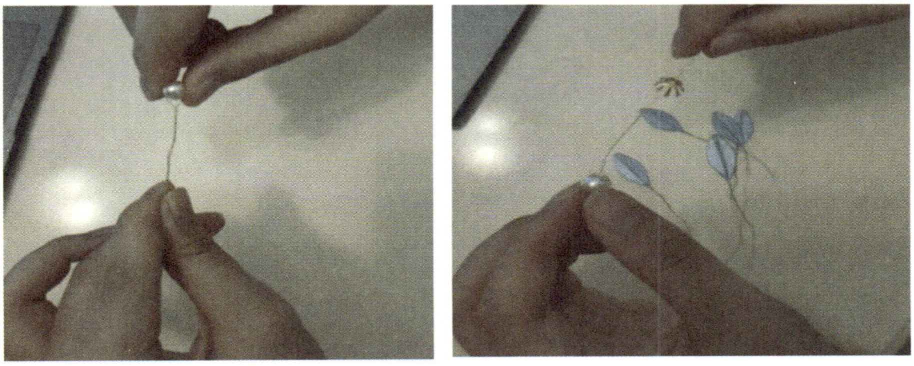

图 3－13　制作花蕾

6. 绑花、叶

绑花可以用丝线、铜丝、QQ 线等，其中 QQ 线比较好用，绑出来的形态也比较自然，有花枝的感觉。先从花蕊开始绑起，然后一片一片、一层一层加入花瓣，并随时调整花瓣的形态，如图 3－14 所示。

图 3－14　绑花、叶

7. 绑簪子

将制作好的花朵绑在钗子上，最终美丽的缠花簪子就完成了，效果如图 3－15所示。

图 3－15　缠花簪子成品图

## 3.2.4　核心与关键点

（1）制作花样时，选用 250～350 克的白色卡纸为佳，没有的话，只要厚度合适，可用明信片、名片等代替。卡纸太厚不方便造型，太薄则难以成型。

（2）缠线时注意力度均匀，做到不滑线、不露底板，尖角等容易划线的地方可以涂少量白乳胶加固（一定要少量，不然会破坏丝线的光泽）。

（3）在组装过程中尽量佩戴手套，细铜丝锋利，极易划伤手。

（4）妥善整理丝线，避免缠绕到一起。

## 3.2.5　评价与感受

1. 评价

评价内容见表 3－2 所列，采用三级分制，即优秀、良好、合格。

表 3－2　缠花簪子制作评价表

| 评价项目 | 自评结果 | 互评结果 | 师评结果 | 改进建议 |
| --- | --- | --- | --- | --- |
| 造型美观 | | | | |
| 创意特色 | | | | |
| 制作水平 | | | | |
| 色彩搭配 | | | | |

2. 感受

一个漂亮的缠花簪子制作出来了，对自己的作品还满意吗？在手工制作过程中有没有锻炼到自己的动手操作能力，有没有感受到成就感？一起来谈一谈吧。

### 3.2.6　延伸与思考

1. 延伸

缠花，顾名思义就是用各种颜色的丝线在提前固定好的坯架上缠绕出各种造型的花卉艺术品，如图 3－16 所示。根据一些民间老艺人介绍，缠花工艺源于明朝，盛于清朝，但是几乎没有历史物件传下来。

缠花最大的特点就是小而精致，而且缠出来的作品栩栩如生、形态逼真，是一件精致的艺术品。事实上，虽然名为缠花，但“缠花”的题材并不局限于花卉，还包括了鸟、鱼、虫等。在需要的时候还能将数件单独的缠花作品相结合，形成一件具有丰富内涵的手工艺术品。

图 3－16　缠花工艺品

缠花寓意深刻，多被用于各种各样的民俗节日，比如在闽南当地新生儿进行抓周时，就会缠上一些虎头绣在鞋帽上，寓意前程似锦；在婚庆时会缠上一些喜庆的物件用来增添气氛；每逢老人庆生时，多是缠出“福”“寿”类的字样来表达对老人的祝福。

而今市场上各种工业生产的工艺品盛行，缠花文化日益凋零，但作为传承多年的非物质文化遗产，我们必须要重新重视起来，让其焕发新的生机。

2. 思考

对于这些民间艺术，如何进行更好的保护和传承呢？

# 3.3 羊毛毡手工画的制作

羊毛毡距今已有8000多年的历史。利用羊毛毡可制作玩偶、娃娃等，颜色丰富、制作简单。这种手工工艺品在欧美、日本等地区非常流行，在国内还是新鲜的手工门类。对手工情有独钟的同学们，不妨动手尝试一下吧。

## 3.3.1 目的与意义

通过羊毛毡手工画的学习了解其制作工艺，在提高动手实践能力的同时提高自己的艺术修养。

## 3.3.2 准备工作

### 1. 材料

以制作朋克企鹅为例，首先羊毛毡原料，可以根据喜好搭配颜色，如图3-17所示。

### 2. 工具

泡沫垫1块、戳针1根，如图3-18所示。

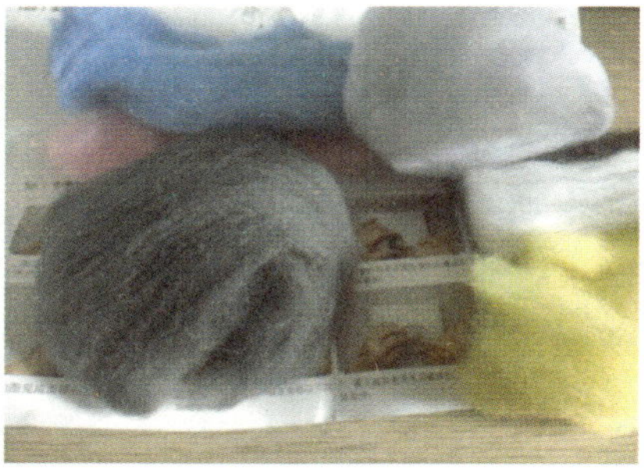

图3-17 材料包

图3-18 工具

## 3.3.3 劳动步骤

### 1. 揉搓羊毛毡

以制作朋克企鹅为例，首先选取适量羊毛毡，将其尽量地搓成紧密的一团，效果如图3-19所示。然后利用戳针在泡沫垫上不停地戳刺使其固化、变实。

### 2. 制作企鹅身体轮廓

在用戳针戳的同时不断增添羊毛调整形状，当完成大致形状后选取其他颜色的羊毛加在企鹅身体上，构成不同的部位。如加白色的羊毛构成企鹅的肚子，加浅绿色羊毛构成企鹅的围巾。注意：加入不同颜色的羊毛时，要用戳针将这些羊毛刺到企鹅身体上，如图3-20所示。

图 3－19　揉搓羊毛毡

图 3－20　制作企鹅身体轮廓

3. 制作企鹅五官

选取少量羊毛揉搓成五官，并将其刺在企鹅脸上，如图 3－21 所示，完成企鹅制作。

### 3.3.4　成果展示

作品一：朋克企鹅，如图 3－22 所示。

图 3－21　制作朋克企鹅五官

图 3－22　朋克企鹅成品图

作品二：甜甜圈猫，如图 3－23 所示。

作品三：发财猫，如图 3－24 所示。

图 3－23　甜甜圈猫

图 3－24　发财猫

作品四：动物挂画，如图 3－25 所示。

图 3－25　动物挂画

## 3.3.5　核心与关键点

（1）在使用戳针时速度不宜太快，否则容易戳到手指。在操作时注意安全，不可操之过急。

（2）在制作前分配好材料，掌握大局，以防材料不够。

（3）在制作羊毛毡玩偶的过程中，动手能力会得到了极大提高，并激发创新思维，同学们在原有图案的基础上可以根据自己的喜好做出改动，使得制作过程更具有创造性和趣味性。

## 3.3.6　评价与感受

### 1. 评价

评价内容见表 3－3 所列，采用三级分制，即优秀、良好、合格。

表 3－3　羊毛毡手工画制作评价表

| 评价项目 | 自评结果 | 互评结果 | 师评结果 | 改进建议 |
| --- | --- | --- | --- | --- |
| 造型美观 | | | | |
| 创意特色 | | | | |
| 制作水平 | | | | |
| 色彩搭配 | | | | |

2. 感受

羊毛兼具柔软与强韧的特性，纤维弹性佳，触感舒服。大家可以尽情发挥自己的想象力进行抽象随意的创作来增强动手能力。随着学习的深入，你会爱上这种古老的工艺。在制作过程中，你有什么感受、经验或者心得，一起来说一说吧。

### 3.3.7　延伸与思考

1. 延伸

羊毛毡的质感很适合表现有油画感的画面，那种朦胧迷离的效果让人陶醉，如图 3-26 所示。

图 3-26　羊毛毡艺术品

2. 思考

你可以用本节学习的方法自己设计并制作一幅羊毛毡手工画吗？

## 3.4　丝弦画的制作

传统的画作是以笔、纸、颜料勾勒大千世界的美好，对创作技艺水平要求较高，对保存环境要求苛刻，需花费大量精力进行保养。而丝弦画则以钉子、细线等简单的材料作画，便于保存，且极富现代感。

### 3.4.1　目的与意义

艺术可以帮助人们放松心灵，闲暇之际，画画、摄影、手工都不失为一种良好的休闲娱乐方式。手工产品最大的魅力在于可以让人“慢”下来，慢慢享受生活的乐趣，慢慢享受合作的节奏，慢慢发现身边人的认真。

### 3.4.2　准备工作

1. 材料

钉子若干、不同颜色的丝线若干、木质相框 1 个、制作草图 1 张，如图 3-27 所示。

2. 工具

小锤子 1 把，如图 3-27 所示。

图 3－27　材料及工具

## 3.4.3　劳动步骤

### 1. 沿轮廓钉钉子

把打印好的草图剪成相框大小后放入框内，用钉子沿轮廓钉好，注意钉子密度和钉子之间的间距要均匀，不可太宽或者太窄，钉子的钉入深度为三分之二钉长，大致勾勒出画作内容，如图 3－28 所示。

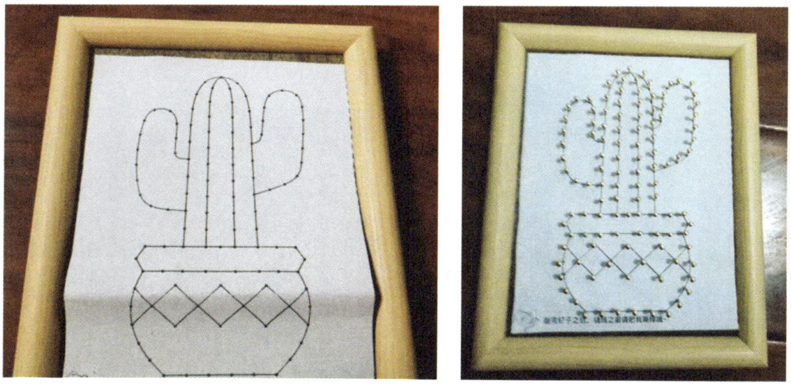

图 3－28　画好草图，钉好钉子

### 2. 撕掉图纸

把相框周围的图纸撕掉，效果如图 3－29 所示。

图 3－29　撕掉图纸

### 3. 绕线

用线（绣花线、十字线、缝衣线等）在钉子之间来回缠绕，注意线的松紧和缠绕密度。需要注意的是，有些画绕线的时候可以是没有规律的，可随意在钉子之间绕线，但是要想呈现出特定的优美的线形几何图案，绕线必须按照一定的顺序进行。这幅仙人掌画的缠绕顺序为先缠绕出中间的仙人掌主干，再缠绕出两边的仙人掌侧枝，最后缠绕出花盆。

具体每部分的缠绕方向为：以缠绕仙人掌主干为例把线系在仙人掌主干最高点的钉子上，打上两个结，采用斜对角的方式顺序缠绕，平铺 4～5 层即可停止绕线。绕线要达到一定的密度，且分布均匀，不可太稀疏也不可太紧密。中间的仙人掌主干选择两个不同程度的绿色线，产生颜色对比碰撞，让仙人掌更加鲜活，增加美感，如图 3－30 所示。两个仙人掌侧枝可采用浅颜色线缠绕，平铺 3～4 层。

图 3－30　缠线

### 4. 选择花盆颜色

先按照自己的喜好选择花盆底色，再选择与底色不同颜色的线勾勒出花纹，如图 3－31 所示。

### 5. 制作相框

用胶水固定相框支架，制作完成，效果如图 3－32 所示。

图 3－31　选择不同颜色的线进行缠线

图 3－32　成品图

### 3.4.4 核心与关键点

(1) 初学者钉钉子时，掌握不好力度，容易出现钉子高度不一致的情形；或发力方向不对，出现钉子歪斜等情况，如图 3－33 所示。

图 3－33 钉子高度不同

(2) 刚开始缠线由于经验不足，不知道该平铺几层，导致远看画框很“空”，难以看出细线。一般在仙人掌侧枝部分平铺 3～4 层，在花盆部分平铺 4～5 层为最佳。

(3) 若不按规律绕线，最后呈现的图案就比较凌乱。按照间隔 1 个钉子的方式进行统一缠绕，效果会更加美观。

(4) 起步固定丝线时应该多留长一些线头，结束时便于打结固定。若起步留线较少，可能导致结线不稳固，后期松散。

### 3.4.5 评价与感受

#### 1. 评价

评价内容见表 3－4 所列，采用三级分制，即优秀、良好、合格。

表 3－4 丝弦画制作评价表

| 评价项目 | 自评结果 | 互评结果 | 师评结果 | 改进建议 |
| --- | --- | --- | --- | --- |
| 造型美观 | | | | |
| 创意特色 | | | | |
| 制作水平 | | | | |
| 解决的问题 | | | | |

#### 2. 感受

大家学习了丝弦画的制作方法和制作要领，对自己的作品满意吗？一起来分享下艺术创作后的感受吧。

### 3.4.6　延伸与思考

1. 延伸

弦丝画的制作时间一般是 1～2 小时，对于初学者，整幅作品做下来也不会超过 2 小时。钉一钉、绕一绕、缠一缠，精美的弦丝画就呈现在大家面前了，作品的立体感很强，很适合装饰卧室或者做成组图装饰客厅。

2. 思考

弦丝画怎么配色和绕线才能让作品更具立体感?

# 第 4 章 生活用品制作

## 4.1 马扎的制作

不少家庭都有一件结构简单、造价低廉、便于携带、存放时占用空间小的马扎。马扎作为民间设计的智慧结晶，从一定程度上反映了“设计为人”的根本思想，它的悠久历史不仅承载了功能与适用，也在岁月中沉淀了人们的感情。

### 4.1.1 目的与意义

马扎属于中国传统手工工艺制品，具有很多优点。

1. 携带方便

马扎因其可折叠的特点，易于携带，很多人都喜欢自带马扎，可以随时坐下来休息。

2. 便于放置

马扎不像板凳、椅子等坐具占据较大空间，一经折叠很小的空间就可以放置，十分节省空间。

3. 透气性好

夏天气候炎热，人体极易出汗。像板凳之类的坐具，坐久了臀部会感觉不适，而马扎因为是纤维材料制作，与衣物近似，所以非常舒适，久坐不热。

在当今的现代化条件下，如何设计更巧妙的马扎，值得同学们思考与探讨。

### 4.1.2 准备工作

1. 材料

直径为 16 毫米，长度为 2000 毫米的不锈钢管 1 根；3/8 内丝不锈钢弯头 4 个；宽度为 36 毫米，长度为 1750 毫米的帆布带 1 根；长度为 290 毫米的 M6 螺纹杆 1 根；M6 球头螺母 2 个；直径为 16 毫米的脚套 4 个。

2. 工具

切割机、车床、钻床、板牙、钢板尺、钻头、缝纫机。

## 4.1.3　劳动步骤

### 1. 切割钢管

利用切割机切割直径为 16 毫米的钢管，需切割 6 根钢管，其中 4 根长度为 340 毫米，2 根长度为 250 毫米，如图 4－1 所示。

### 2. 套螺纹

利用车床尾座对钢管套 M16 螺纹，长度与弯头相匹配，如图 4－2 所示。

图 4－1　切割钢管

图 4－2　套螺纹

### 3. 钻孔

利用钻床对钢管钻孔，分别在 4 根长度为 340 毫米的钢管中间位置钻孔，如图 4－3 所示。为了方便在不锈钢管上钻孔，可以制作符合要求的工装夹具。

### 4. 裁剪帆布带

根据马扎尺寸裁剪帆布带，本例中需裁剪 5 条长度为 350 毫米的帆布带，如图 4－4 所示。

图 4－3　钻孔

图 4－4　裁制剪帆布带

5. 缝制帆布带

如图 4-5 所示，利用小型缝纫机缝制帆布带。因帆布带缝制完成后两头需套入长为 250 毫米，直径为 16 毫米的钢管，因此接头处缝制一般要大于钢管直径。本例中帆布带两头缝制直径为 20 毫米，还需注意缝制完成后帆布长度应为 230 毫米。

图 4-5　缝帆布带

6. 组装

加工完成后，进行组装。将帆布带套入横杠中，利用不锈钢弯头，将马扎腿与横杠连接，M6 螺纹杆穿过钢管中间的孔，杆两头用球头螺母拧紧，如图 4-6 所示。马扎成品如图 4-7 所示。

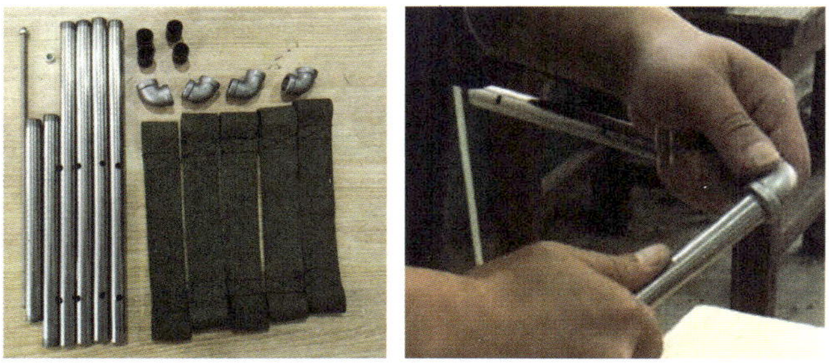

图 4-6　组装

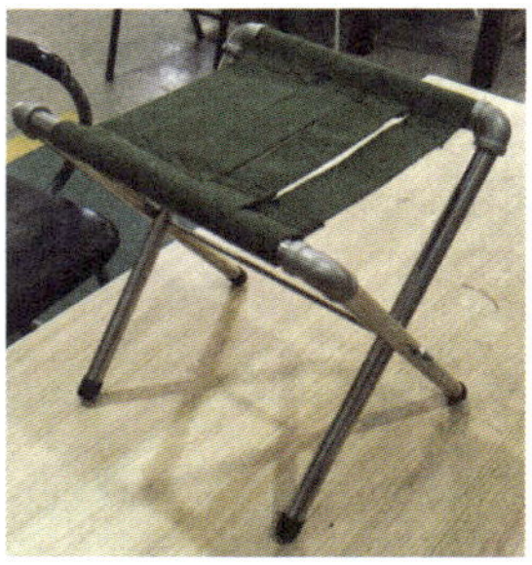

图 4-7　马扎成品

### 4.1.4　核心与关键点

（1）掌握切割机、车床、台钻、缝纫机的使用。
（2）马扎尺寸应该在合理的范围内，需要提前设计并准备对应长度的钢管。

### 4.1.5　评价与感受

1. 评价

评价内容见表 4-1 所列，采用三级分制，即优秀、良好、合格。

表 4-1　马扎制作评价表

| 评价项目 | 自评结果 | 互评结果 | 师评结果 | 改进建议 |
| --- | --- | --- | --- | --- |
| 尺寸设计 | | | | |
| 马扎制作 | | | | |
| 设备使用 | | | | |
| 加工工序 | | | | |
| 马扎安装 | | | | |

2. 感受

通过参与本次劳动，同学们了解了马扎的制作过程，同时也了解了车床、台钻、缝纫机及切割机的使用方法，请结合本次马扎制作的实践，谈一谈自己的感受与收获。

### 4.1.6　延伸与思考

1. 延伸

马扎是一种可折叠的小型坐具，两侧腿交叉作为支架，上面配有帆布或麻绳，可以合拢节省空间，如图 4－8 所示。据资料考证，马扎起源于古时军事，东汉时从北方少数民族传入。

隋唐时，马扎易名为“交床”，“床”是坐具。宋元时期，人们将“交床”改称为“交椅”，并且出现了带靠背的交椅，如图 4－9 所示。

图 4－8　黄花梨卷草纹马扎

图 4－9　黄花梨双龙如意云头纹靠背板交椅

在大多环境下两千年前的亚洲地区基本上都是席地而坐，直到今日，如日本、韩国等国家仍然席地而坐。而中国传统坐具的演化改变了我们祖先的起居习惯，从席地而坐改为了垂足高坐。视野变宽了，家具设置随之改变，进而影响了传统家具的变革。

随着时代的发展，制作马扎的材料已经不局限于木材，比较常用的有不锈钢、铝合金等材料，如图 4－10 所示。

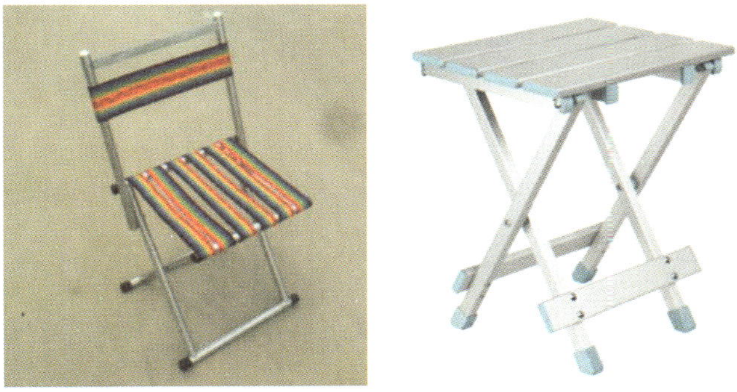

图 4－10　不同样式的马扎

2. 思考

(1) 如何利用不同材料、不同工具设备制作马扎?

(2) 如何利用不锈钢管制作加靠背的马扎?

## 4.2 衣架及夹子的制作

衣架是晾晒衣服或收纳衣服的架子,衣服夹子是晾晒衣服时,用来夹住衣服、防止脱落的辅助工具,这两者都是家庭常用的物品。如果自己动手制作,用起来应该别有一番乐趣吧。

### 4.2.1 目的与意义

衣架及夹子看似是简单的生活用品,但要自己动手做,是需要很多工序的。

制作者需了解机械制造的一般过程,掌握机械零件的常用加工方法、所用主要设备的工作原理、工夹具的使用以及安全操作等。

自己动手制作生活用品,不仅可以培养学生的实践能力,直观感受造物的乐趣和知识的力量,还可以激发学生学习的内在动力。

### 4.2.2 准备工作

1. 材料

塑料板、铁丝、套管、不同尺寸的棒料、螺栓、PLA 丝材。

2. 工具

车床、丝锥、丝锥扳手、尖嘴钳、电脑、3D 打印机。

### 4.2.3 劳动步骤

1. 衣架的制作

(1) 准备车削直径 50 毫米的圆柱体 1 个、直径 20 毫米的圆柱体 2 个。为便于安装,需在圆柱体中心钻 1 个直径 6 毫米的沉头孔,满足弯折衣架时衣架挂钩及肩部弧度的需要,如图 4-11 所示。

(2) 在塑料板上画出衣架轮廓,以成人衣架为例:两肩之间距离为 420 毫米,衣架高度为 240 毫米,根据衣架尺寸在塑料板上绘制图样,并在关键节点①、②、③、④、⑤处钻安装孔并攻丝,如图 4-12 所示。

(3) 按照模具截取 1100 毫米长的铁丝及相同长度的套管,并把铁丝穿到套管里,如图 4-13 所示。

(4) 在模具上弯折衣架,如图 4-14 所示。

(5) 一个衣架就制作完成了,效果如图 4-15 所示。

图 4 - 11　车制圆柱体

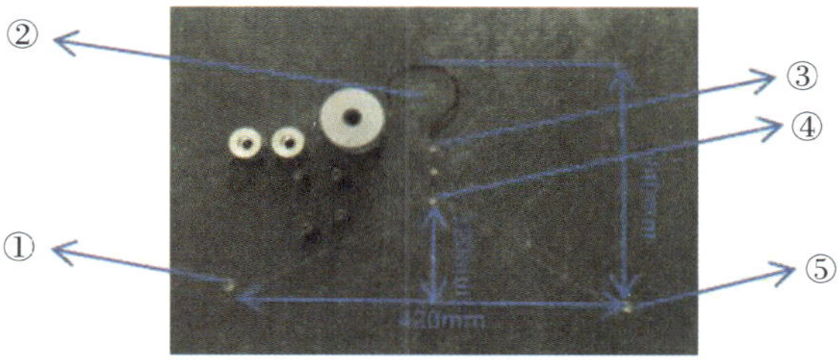


图 4 - 12　实物绘制图样

图 4 - 13　按模具截取铁丝及套管

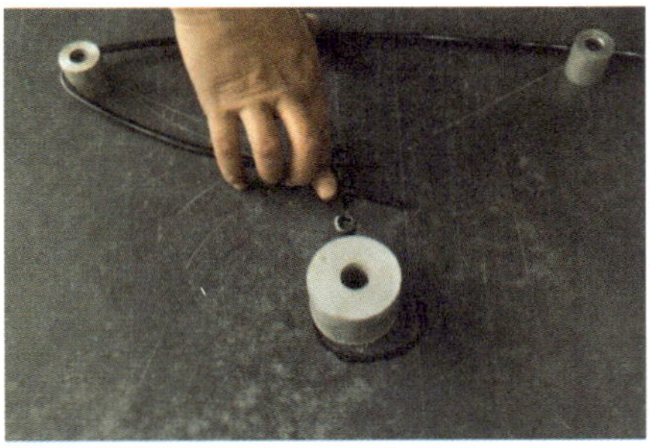

图 4 - 14　折衣架

图 4 - 15　衣架成品

### 2. 夹子的制作

塑料夹子通常采用热塑性成型，但本节我们通过 3D 打印的方法来制作夹子。3D 打印技术是快速成型技术的一种，又称增材制造。它是一种以数字模型文件为基础，运用粉末状金属或塑料等可黏合材料，通过逐层打印的方式来构造物体的技术。该技术在珠宝，鞋类，工业设计，建筑、工程和施工（AEC），汽车，航空航天，医疗产业，教育，地理信息系统，土木工程，枪支以及其他领域都有所应用。本节以塑料夹子为例，给大家介绍下采用 3D 打印技术制作零件的方法。

（1）利用三维软件如 UG、Solid Works、Pro/E 等绘制衣夹模型，并保存成 STL 格式，如图 4－16 所示。

（2）利用 Cura 软件将模型分层切片，根据模型形状生成不同的路径，从而生成 3D 打印机能识别的代码，如图 4－17 所示。Cura 软件参数设置如下：

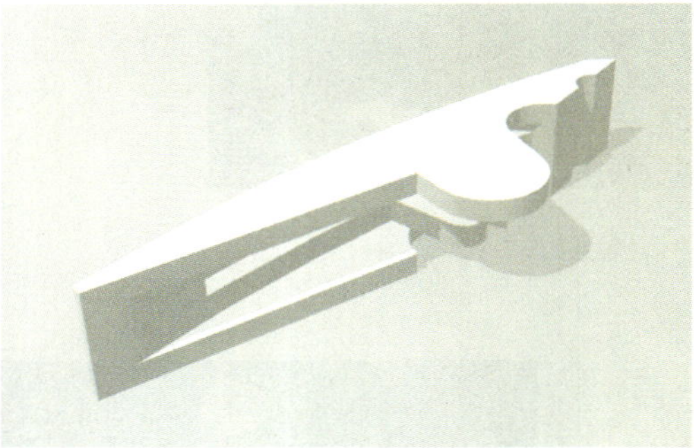

图 4－16　建立模型

① 层高是指打印每层的高度，是决定打印质量的重要参数，设置范围为“0.1～0.3 毫米”。

② 壁厚为模型侧面外壁的厚度，设置为“0.8 毫米”。

③ 顶/底面厚度是指模型上下面的厚度，设置为“0.8 毫米”。

④ 填充密度是指模型内部的填充密度，“0%”为空心，“100%”为全部实心，可以根据打印模型强度调整，一般为“20%”。

⑤ 打印速度是指打印时喷嘴的移动速度，一般使用 50.0 毫米/秒。

⑥ 喷头温度是指熔化耗材的温度，不同耗材熔化温度不同，PLA 材料默认的温度为“210℃”。

⑦ 支撑类型是指打印有悬空部分的模型时可选择的支撑方式，设置为“无”。

⑧ 工作台附着方式是指用哪种方式将模型固定在工作台上，设置为“无”。

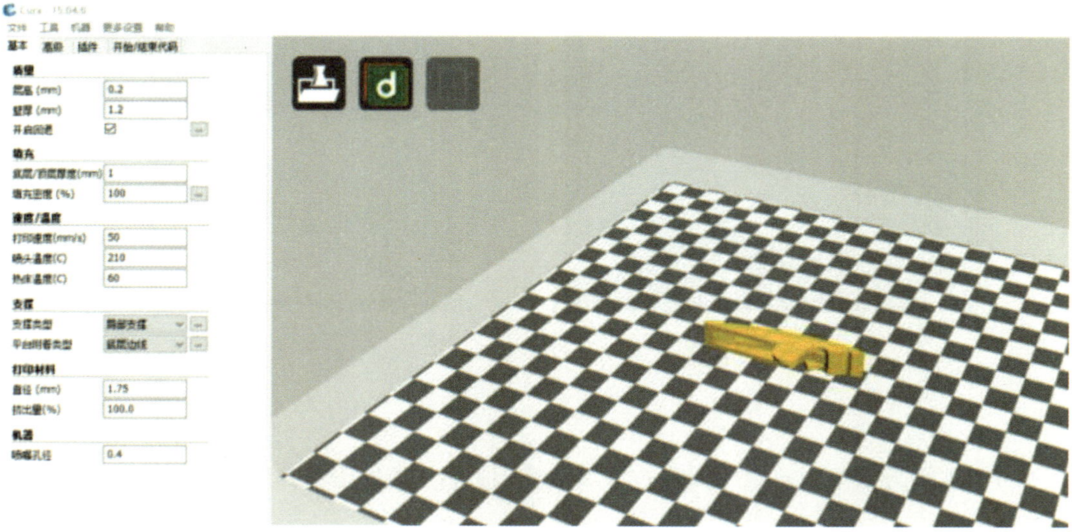


图 4－17　设置参数

（3）参数设置完成后将数据导入 3D 打印机并打印出成品，如图 4－18 所示。

图 4－18　模型打印

（4）取 30 毫米钢丝，利用钢丝钳将钢丝弯折成 U 形，要求 U 形左右两侧对称，初学者可选择造型简单的 U 形，如图 4－19 所示。

（5）对配件进行组装，完成效果如图 4－20 所示。

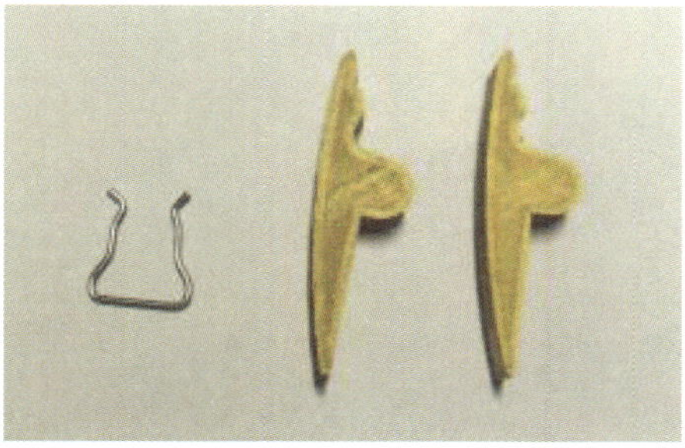

图 4－19　制作配件

图 4－20　夹子成品

### 4.2.4　核心与关键点

（1）在制作衣架模具时需在车床上制作模具所需圆柱体，车床使用时应注意以下几点：

① 正确理解切削基本原理，合理选择切削用量。

② 工件的装夹要牢固。

③ 选择合适的刀具，保证在切削过程中排屑流畅。

（2）折衣架时，需保证衣架圆弧处对称，应注意以下几点：

① 衣架模具在制作时需要保证衣架底部两圆柱体对称。

② 在手动折弯过程中贴紧圆柱体弯折，并根据情况进行调整。

（3）3D 打印制作夹子时，应注意以下几点：

① 设计夹子模型时注意受力点，增加受力点强度。

② 设置打印机参数时，需根据不同材料进行设置。

### 4.2.5 评价与感受

#### 1. 评价

评价内容见表 4－2 所列，采用三级分制，即优秀、良好、合格。

表 4－2 衣架制作评价表

| 评价项目 | 自评结果 | 互评结果 | 师评结果 | 改进建议 |
|---|---|---|---|---|
| 模具、结构、造型设计 | | | | |
| 制作过程 | | | | |
| 设备使用 | | | | |
| 制作水平 | | | | |

#### 2. 感受

通过参与本项目的劳动，同学们了解了衣架和夹子的设计与制作，请结合本次设计与制作的实践，谈一谈自己的收获与感受。

### 4.2.6 延伸与思考

#### 1. 延伸

与传统制造技术相比，3D 打印技术的优点如下：

（1）减少组装或无须组装。3D 打印技术能使部件整体化成型。传统制造业是采用先制作出单个零部件，然后由工人或者机器组装。3D 打印通过分层制造可以将零部件整体打印，减少了组装或不需要组装。

（2）不增加成本可制造复杂物品。传统的制造业，物体形状越复杂，制造成本越高，而 3D 打印分层制造一个复杂的零部件并不比打印一个简单的零件花费更多的成本。制造复杂物品而不增加成本将打破传统的定价模式，并彻底改变计算制造成本的方式。今后产品的制造成本将主要由材料成本决定，而如开模、超精加工等成本也许在未来不会存在。

（3）3D 打印不需要传统的刀具、夹具、模具或机床，就能直接把计算机中任何形状的三维 CAD 图形“打印”成实物产品，且能在短时间内成型，它实现了从平面图到实体的飞跃。

（4）3D 打印不需要集中的、固定的制造车间，具有分布式生产的特点。

#### 2. 思考

3D 打印技术在中国制造业中会产生哪些影响？

## 4.3 三角板、量角器等学生用品的制作

人们常用的三角板、量角器是主要的作图工具，在一副三角板中，一个是等腰直角三角板，另一个是 30°角的直角三角板，而量角器可以根据需要画出所要的角度。三角板、

量角器的常用材质为塑料或不锈钢。

## 4.3.1　目的与意义

工业化产品“千篇一律”，自己动手制作个性化、更加实惠的产品逐渐成为时尚。三角板、量角器是常见的学习用品，下面以此为例，设计并制作自己的学习用品吧。

## 4.3.2　准备工作

### 1. 材料

2 毫米厚的亚克力板、工业酒精。

### 2. 工具

非金属激光切割机、电脑。

## 4.3.3　劳动步骤

(1) 通过 CAD 软件自行设计三角板、量角器，如图 4－21 所示。

① 确定一套量具的具体尺寸及形状，绘制三角板外轮廓，三角板、量角器尺寸分别如下。

直尺：长为 160 毫米（刻度标注为 0～15 厘米）、宽为 24 毫米。

30°角的直角三角板：边长分别为 140 毫米（刻度标注为 0～13 厘米）、75 毫米（刻度标注为 0～7 厘米）、158.8 毫米。

等腰直角三角板：边长分别为 85 毫米（刻度标注为 0～7 厘米）、85 毫米（刻度标注为 0～7 厘米）、120.2 毫米。

量角器：半径为 50 毫米（刻度标注为 0～180°）。

② 根据外轮廓的大小，均匀绘制刻度线及刻度。

③ 依据三角板外轮廓缩小，绘制三角板中间镂空部分。

30°角的直角三角板：边长分别为 40 毫米、21 毫米、45.2 毫米。

等腰直角三角板：边长分别为 23 毫米、23 毫米、32.5 毫米。

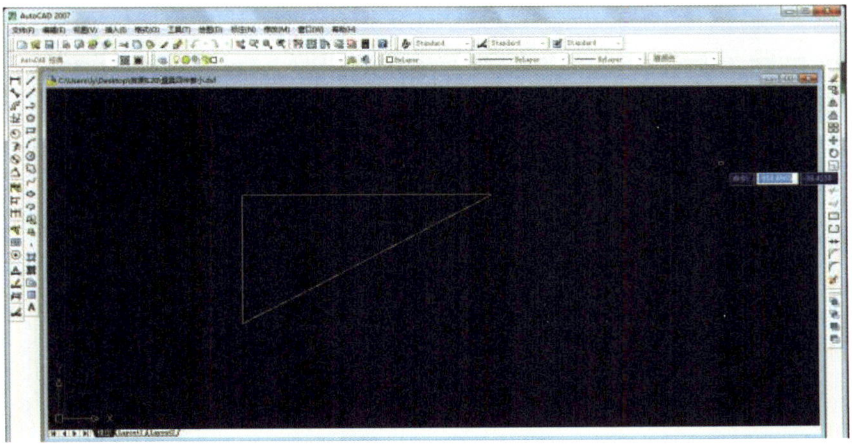

图 4－21　设计三角板、量角器

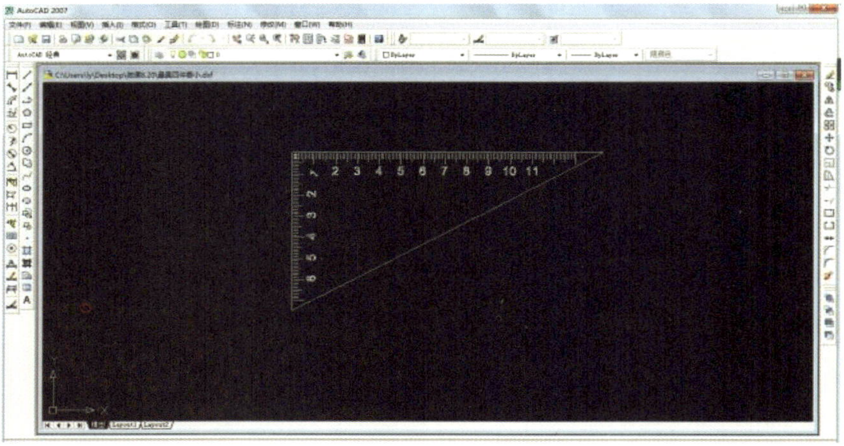

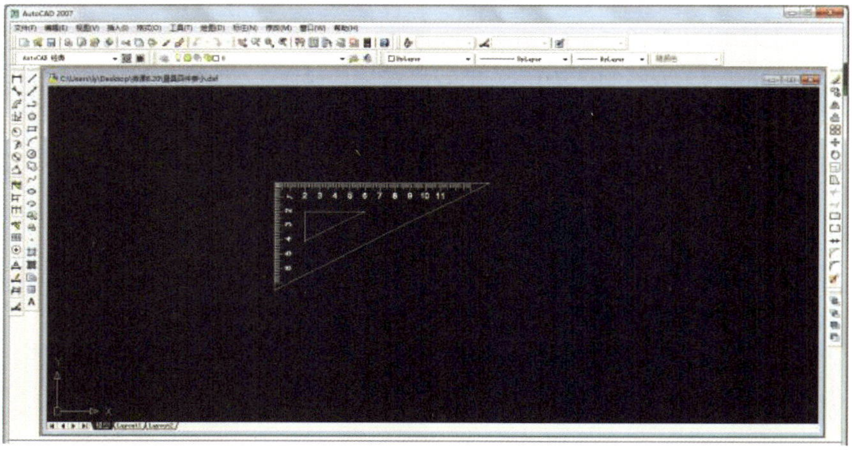

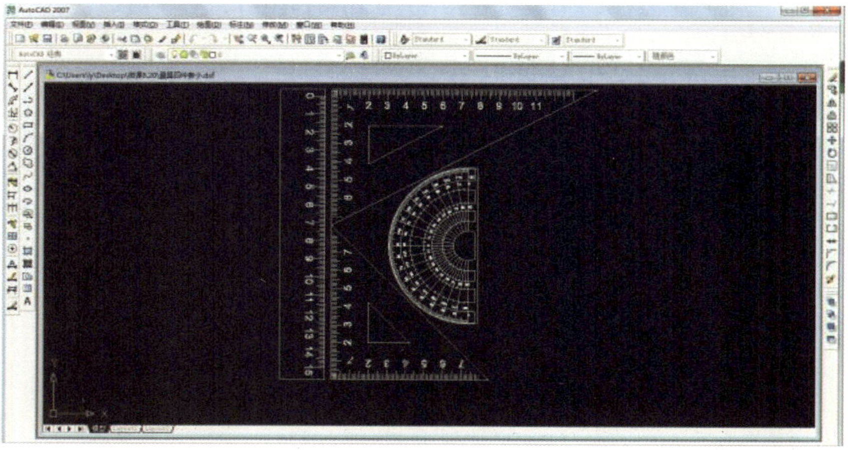

图 4-21 设计三角板、量角器（续）

（2）利用非金属激光切割机 RDWorksV8 软件，将加工图形分为红色、黑色和蓝色三个图层，如图 4－22 所示。

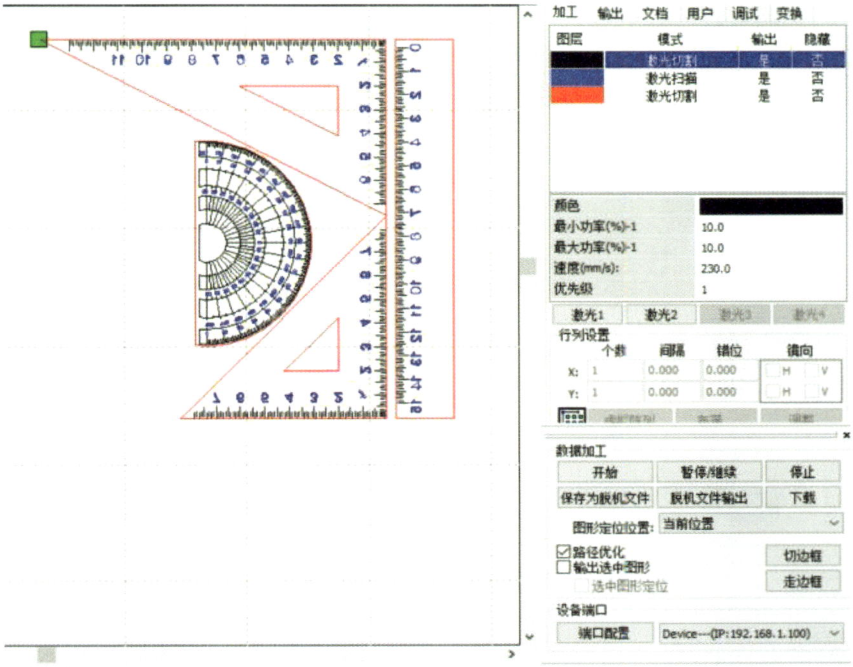


图 4－22　设置图层

① 设置红色图层。红色图层是需要切割的线条，加工方式为激光切割，速度及功率大小设置与切割厚度、激光电源以及设备参数等有关。一般小尺寸三角板、量角器采用 2～3 毫米厚度亚克力板，切割速度为 15～20 毫米/秒，功率为额定功率的 50%～60%。若加工大尺寸三角板、量角器一般会根据加工板材的厚度，适当降低切割速度，提高功率。

② 设置黑色图层。这一部分主要是刻度线，需要雕刻在亚克力板上，刻度线采用激光切割。速度慢、功率高的激光可以切割亚克力板，而速度快、功率低的激光可以在亚克力板上进行雕刻，刻度线采用速度快、功率低的激光进行雕刻。

③ 设置蓝色图层。这一部分主要是刻度数字，需要雕刻在亚克力板上。为了使雕刻效果更好，采用激光扫描的加工方式进行加工，激光扫描设置参数的原则是速度快、功率低，速度快可以提高加工的效率。由于设备加工过程中对焦距有一定的要求，所以采用先加工黑色图层，再加工蓝色图层，最后加工红色图层的工艺顺序进行加工。参数设置完成后如图 4－23 所示，下载至激光切割机。

（3）加工操作。

① 调取设备操作界面，如图 4－24 所示。

② 调整焦距及位置，使用量具调整激光口到加工表面的距离，如图 4－25 所示。

③ 调取加工图形，在亚克力板表面选择合适的位置进行定位，按边框按键看加工图形范围是否满足要求。若符合要求，按启动键进行加工。

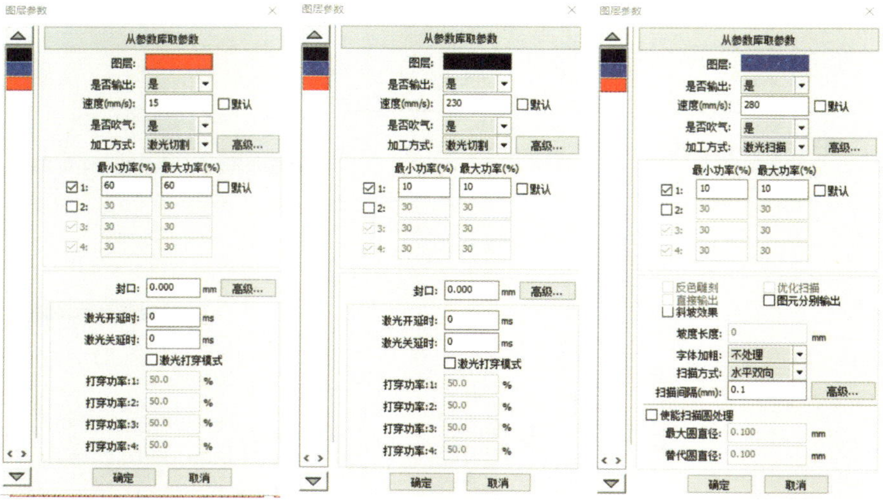


图 4-23 设置加工参数

图 4-24 设备操作界面

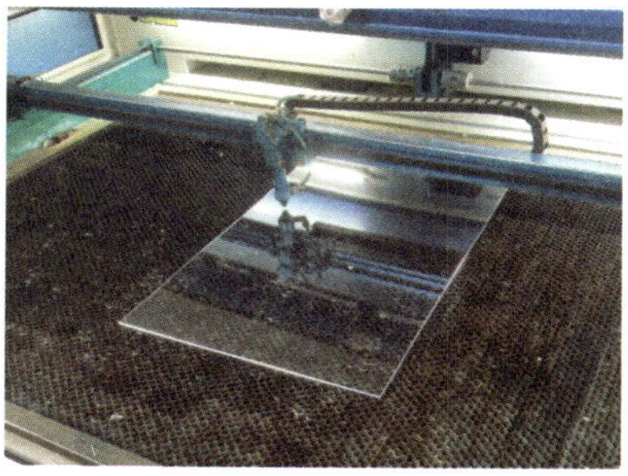

图 4-25 调整焦距及位置

(4) 加工完成后取出，用酒精擦除粉末，如图 4-26 所示。

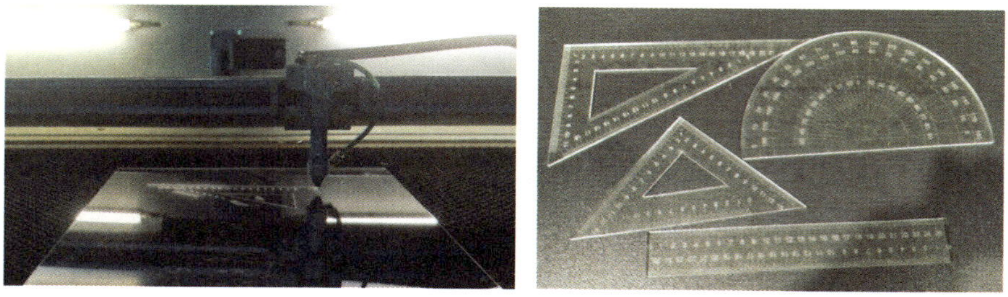

图 4-26 加工及成品

## 4.3.4 核心与关键点

(1) 三角板、量角器的设计，在设计过程中要考虑实用性和美观性。

(2) 要掌握非金属激光切割机参数设置及操作方法。

## 4.3.5　评价与感受

### 1. 评价

评价内容见表 4－3 所列，采用三级分制，即优秀、良好、合格。

表 4－3　三角板、量角器制作评价表

| 评价项目 | 自评结果 | 互评结果 | 师评结果 | 改进建议 |
| --- | --- | --- | --- | --- |
| 设计是否合理 | | | | |
| 设备使用 | | | | |
| 参数设置 | | | | |
| 成品效果 | | | | |

### 2. 感受

通过参与本项目的劳动，了解了使用非金属激光切割机制作三角板、量角器的一般过程，请结合三角板、量角器的设计与制作，谈一谈自己的收获与感受。

## 4.3.6　延伸与思考

### 1. 延伸

激光切割是将从激光器发射出的激光，经光路系统聚焦成高功率的激光束，激光束照射到工件表面，使工件表面达到熔点或沸点。随着光束与工件相对位置的移动，最终使材料形成切缝，从而达到切割的目的。

激光切割加工是用不可见的光束代替了传统的刀具，具有精度高、切割速度快、切口平滑、加工成本低等特点，将逐渐取代传统的金属切割加工设备。激光设备如激光切割机、激光雕刻机、激光打标机、激光焊接机等，作为新型的加工设备越来越多地运用于各行各业。

### 2. 思考

请思考如何将非金属激光切割机与中国传统剪纸工艺相结合制作出精美的工艺品，如图 4－27 所示。

图 4－27　激光切割作品

# 4.4 自制音箱

音箱是将音频信号变换为声音的一种设备。通俗地讲，音箱就是一个功率放大器，对音频信号进行放大处理后由音箱本身放出声音，使其声音变大。个人自制音箱很简单，只要掌握焊接和组装等操作就可以了。

## 4.4.1 目的与意义

自己动手组装一台音箱，在享受美妙音乐的同时，体会劳动带来的成功喜悦；学习钎焊的方法，了解音箱工作的原理。

## 4.4.2 准备工作

### 1. 工具

电烙铁、焊锡丝、松香、垫板、烙铁架、针子、镊子等。

### 2. 材料

音箱套件，如图 4－28 所示。

## 4.4.3 劳动步骤

### 1. 接通电源

给电烙铁加热，使其烙铁头升到合适温度。

### 2. 焊接芯片

第一步，焊接用来解析音频信号的芯片，要在对角的焊盘上先上一点点锡，用镊子夹住芯片，用电烙铁熔化对角的焊锡并固定住芯片。第二步，右手拿电烙铁，左手拿焊锡丝开始焊接。先将电烙铁移动到要焊接的地方做预热，再将焊锡丝移动到电烙铁上，待形成光滑的焊接点时拿开焊锡丝，再拿开电烙铁。注意：焊接时焊锡不能粘连在一起。焊接后效果如图 4－29 所示。

图 4－28 音箱套件

图 4－29 焊接芯片

3. 焊接电阻

根据电阻上不同颜色的排列方式区分电阻大小。将不同数值的电阻根据电路图标识安装在电路板上，先用电烙铁进行焊接，再用钳子将多余的管脚沿着焊点剪下来。焊接后效果如图 4 - 30 所示。

4. 焊接电容

在焊接电容时要注意区分电容的正极和负极，长管脚是正极，短管脚是负极，电路板上空白的一半对应正极，阴影的一半对应负极。安装时，将长管脚插在空白的一半，短管脚插在阴影的一半，根据电容侧面标识的不同数值和电路图标识，将电容安装在电路板上，用电烙铁进行焊接，用钳子将多余的管脚沿着焊点剪下来。焊接后效果如图 4 - 31 所示。

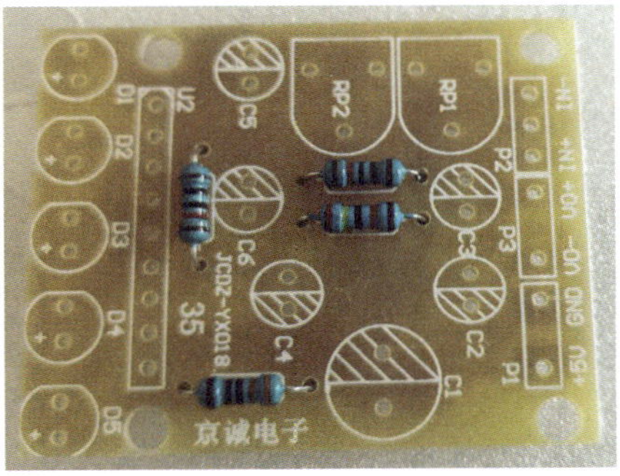


图 4 - 30　焊接电阻

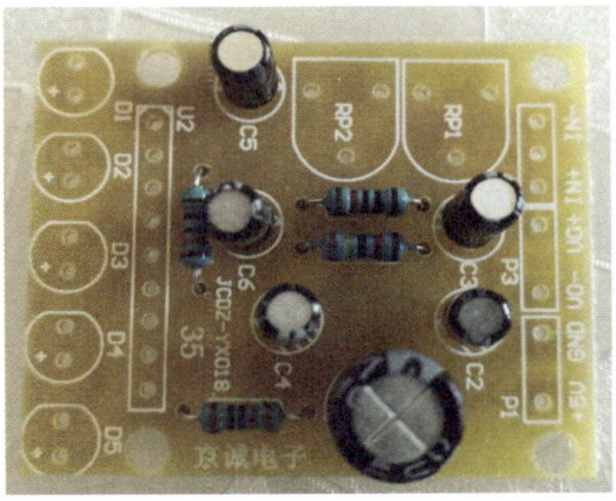


图 4 - 31　焊接电容

5. 焊接可调电阻

可以使用可调电阻来调节音箱音量大小。焊接后效果如图 4 - 32 所示。

6. 焊接频谱解析芯片、LED 灯

频谱解析芯片将音频信号转化为灯信号。焊接 LED 灯时，要注意区分正极和负极，长管脚是正极，短管脚是负极，用安装电容相同的方法安装 LED 灯。用电烙铁进行焊接，用钳子将多余的管脚沿着焊点剪下来。焊接后效果如 4 - 33 所示。

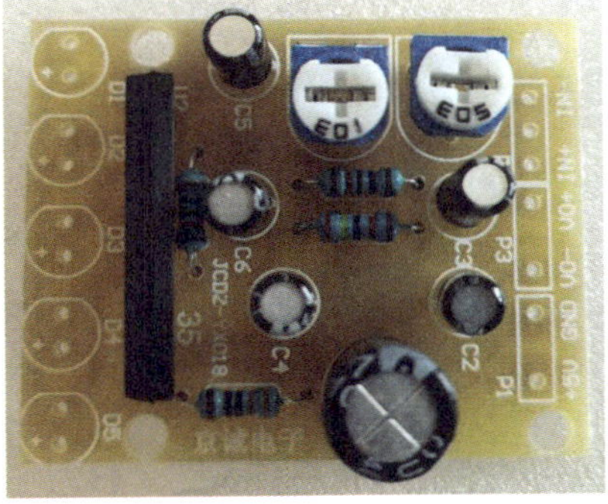


图 4 - 32　焊接可调电阻

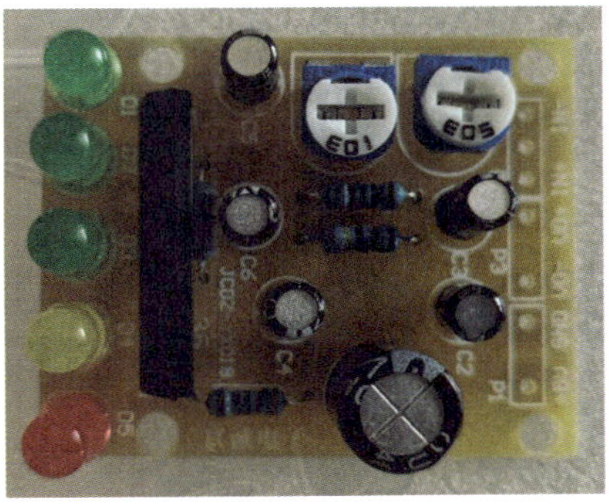


图 4 - 33　焊接频谱解析芯片、LED 灯

7. 焊接喇叭线

先在喇叭预留的孔上上好焊锡，将电线移动到上好焊锡的地方，用电烙铁熔化焊锡，固定住电线。焊接后效果如图 4－34 所示。

8. 焊接 USB 电源线、音频线和喇叭线

先焊接 USB 电源线和音频线，再将喇叭线的另一端焊接到电路板上。焊接后效果如图 4－35 所示。

图 4－34　焊接喇叭连接线

图 4－35　焊接 USB 电源线、音频线和喇叭线

9. 调节音量

最终焊接成品如图 4－36 所示。接通电源后，调节可调电阻将音量调整至合适的大小，为安装做准备。

10. 安装音箱外壳

安装音箱外壳（箱体），如图 4－37 所示。

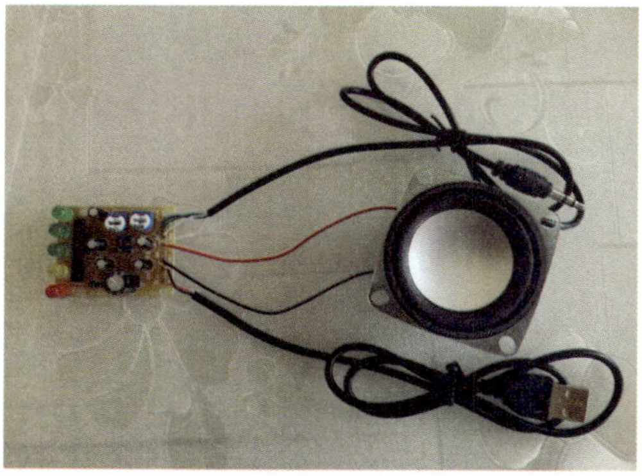

图 4－36　成品图

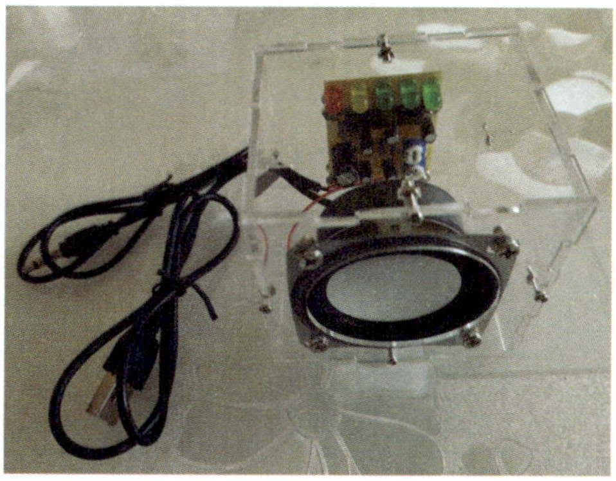

图 4－37　安装音箱外壳

11. 成品测试

音箱在接通电源和音频信号之后，可播放音乐，LED 灯还会随着声音频率的不同而

闪烁，成品如图 4－38 所示。

图 4－38　音箱成品

### 4.4.4　核心与关键点

（1）喇叭单元选择合适的单元口径，了解单元的技术参数。最好是厂家已经“配对”的单元，以确保性能的一致性。

（2）接线时一定要注意单元和分频器的“＋”“－”标记，按照正接正、负接负的方法连接。焊接时，最好使用优质含银焊锡，不能出现虚焊、脱焊的情况。

### 4.4.5　评价与感受

1. 评价

评价内容见表 4－4 所列，采用三级分制，即优秀、良好、合格。

表 4－4　自制音箱评价表

| 评价项目 | 自评结果 | 互评结果 | 师评结果 | 改进建议 |
|---|---|---|---|---|
| 音箱结构及原理 | | | | |
| 电路板焊接水平 | | | | |
| 功能实现 | | | | |
| 音质水平 | | | | |

2. 感受

组装完一个音箱，是不是感觉自己很棒？看似很精密或复杂的东西，其实也没有那么神秘吧。在自主完成一个音箱的组装后，是不是迫不及待地想试试它的效果，大家一起来分享制作的成果吧。

### 4.4.6　延伸与思考

1. 延伸

音箱最基本的组成元素是分频器（或分频电路）、喇叭单元和箱体。

分频器是音箱中的“大脑”，分频器对一个音箱能否高质量地还原音频信号起着极其重要的作用。功率放大器输出的音频信号必须经过分频器中的各滤波元件处理，让各单元特定频率的信号通过。分频器可以合理地分割各单元的工作频段，合理地进行各单元功率分配，使各单元之间具有恰当的相位关系以减少各单元在工作中出现的声干涉失真，利用分频电路的特性弥补单元在某频段里的声缺陷，将各频段圆滑平顺地对接起来，使各频段的频响变得平滑、声像和相位准确，才能使高、中、低音播放出来的音乐层次分明、合拍，达到明朗、舒适、宽广、自然的音质效果。

再来看看喇叭的工作原理，喇叭是把电信号转换为声信号的一种装置，它由音圈、磁体、纸盆等组成，如图 4－39 所示。

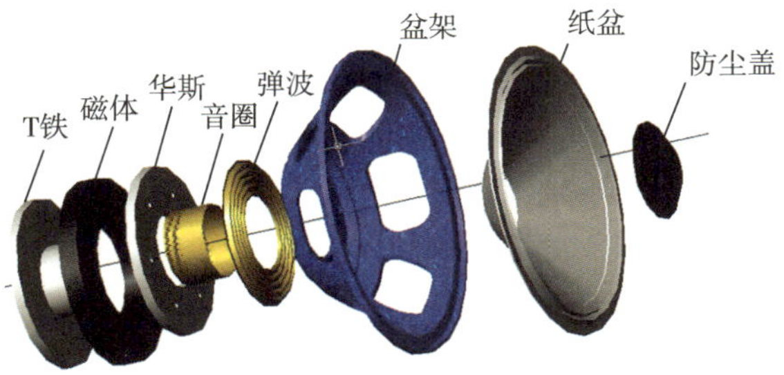

图 4－39　喇叭的组成

当喇叭接收到由音源设备输出的电信号时，由放大器输出大小不等的电流（交流电），电流会通过喇叭上的线圈产生磁场反应。通过线圈的电流是交变电流，它的正负极是不断变化的。正极和负极相遇会相互吸引，线圈受到喇叭上磁铁的吸引向后（箱体内）运动。正极和正极相遇则相互排斥，线圈向外（箱体外）运动。这一收一扩的节奏会产生声波和气流，并发出声音，它和我们讲话时喉咙振动的效果是相类似的。因此，喇叭的发声原理为交流电通过喇叭上的线圈并切割磁感线，线圈会上下振动，大小和方向则根据电流的大小和方向而改变；线圈同时带动喇叭的振膜（纸盆）振动，振膜上下振动，就会反复拉伸和压缩周围的空气，并产生声波；当声波传到人的耳朵里，就听到声音了，如图4－40所示。

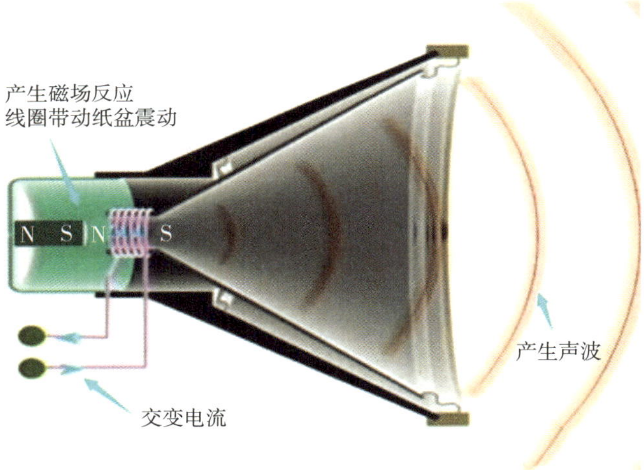

图 4－40　喇叭的发声原理

音箱箱体的作用：喇叭发出的声波由于音箱的谐振引起共鸣，声音就被加强了。这个原理和小提琴的琴箱是一样的，如果小提琴只有四根弦，没有葫芦状的琴箱，就不能产生共鸣，发出悦耳、悠扬的琴声。

要改善音质，可对音箱体积和形状进行科学的设计，减少或防止驻波（驻波是指频率相同、传输方向相反的两列波，沿传输线形成的一种分布状态）的形成，减少声音失真，改善音质。

2. 思考

音箱的音质与哪些因素有关？

# 第 5 章 工程实践劳动

## 5.1 机床的维护保养

在工业生产中，加工有一定精度要求的零件，一般都需通过机床来完成。机床是制造机器的工具机，亦称工作母机，习惯上简称为机床。机床在国民经济现代化的建设中起着不可或缺的重大作用。

车床是机床中最常用的一种，其主要用于回转体零件的加工，可完成轴类、盘类、套类零件及螺纹等的加工，是机械制造中使用范围最广的一类机床。本节以卧式车床为例，介绍机床的维护保养。

### 5.1.1 目的与意义

设备的维护保养是设备安全运行的重要保证。通过对设备的检查、调整、保养、润滑可减少设备的磨损，降低故障率，提高设备的使用效率，延长设备使用寿命。

本劳动项目通过对 CA6140 型卧式车床的清洁及润滑操作，了解卧式车床日常维护保养的部位及方法，从而培养学生爱护设备、热爱劳动、注意安全文明生产的好习惯。

### 5.1.2 准备工作

#### 1. 了解车床常用的润滑方式

车床的润滑有浇油润滑、溅油润滑、油绳导油润滑、弹子油杯润滑、黄油（油脂）杯润滑、油泵输油润滑等 6 种常用润滑方式。

（1）浇油润滑，一般用于机床外露的床身导轨面及中小滑板导轨面的润滑，常用油壶直接浇注。

（2）溅油润滑，是利用车床齿轮箱内齿轮的转动把润滑油飞溅到箱体上部的油槽中，从而达到润滑目的。常用于主轴箱等密闭箱体中。

（3）油绳导油润滑，是将毛线浸在油槽内，利用毛细作用把油引到所需要的润滑部位，实现间断的滴油润滑，如图 5 - 1 所示。常用于普通车床进给箱和

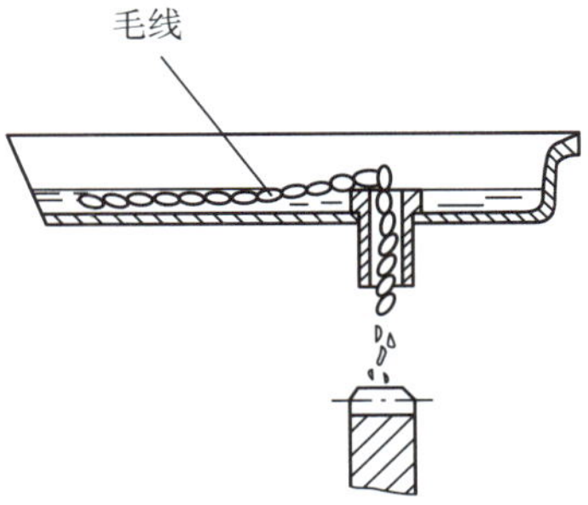


图 5 - 1　油绳导油润滑

溜板箱的润滑，如图 5 - 2 所示。

图 5 - 2 进给箱油绳导油润滑

（4）弹子油杯润滑，常用于润滑车床的尾座、中小滑板、刀架等处。润滑时，用压力油枪嘴把弹子压下，打入润滑油即可。完成后油枪嘴撤离，弹子回复原位封住注油孔，以防止灰尘及碎屑入内，如图 5 - 3 所示。图 5 - 4 所示为尾架部分的弹子油杯润滑位置，图 5 - 5 所示为中滑板部分弹子油杯润滑位置。

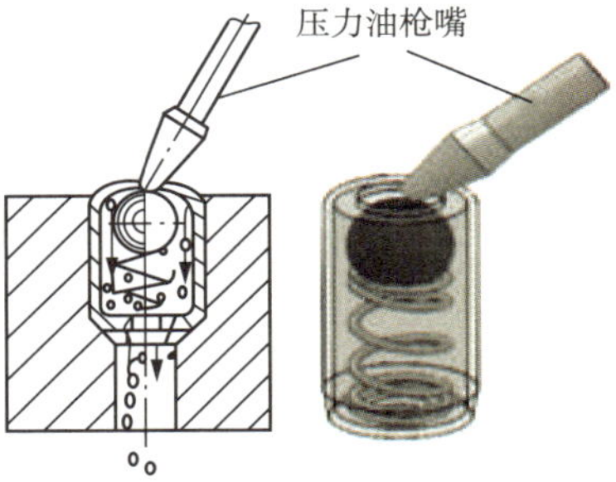


图 5 - 3 弹子油杯润滑

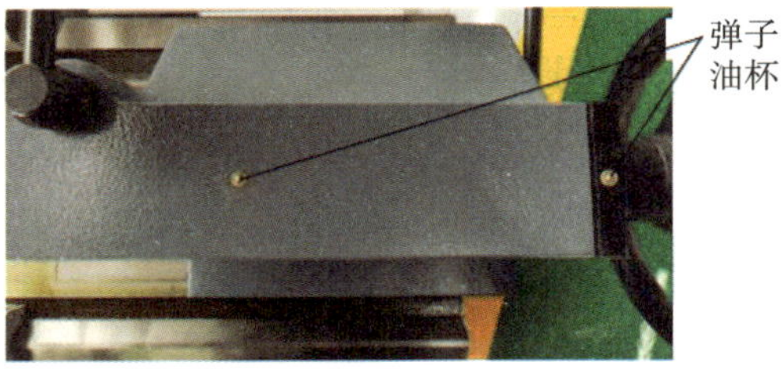


图 5 - 4 尾架部分弹子油杯

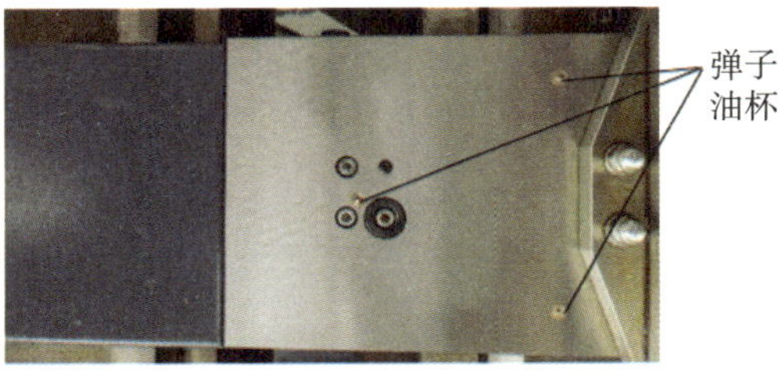


图 5 - 5 中滑板部分弹子油杯

（5）黄油（油脂）杯润滑，是先在黄油杯中装满黄油，然后通过旋入油杯盖，将黄油挤入轴承内，如图 5 - 6 所示。常用于交换齿轮架的中轴或不方便的润滑处，如图 5 - 7 所示。

（6）油泵输油润滑，是依靠油泵抽取润滑油，并将其输送到需要润滑的部位来达到润滑的目的。常用于转速高、需要大量润滑油连续强制润滑的场所，如车床主轴箱的润滑。

2. 劳动工具及材料

毛刷、棉纱、油壶、压力油枪、2 号钙基润滑油（黄油）、L - AN46 号机油等。

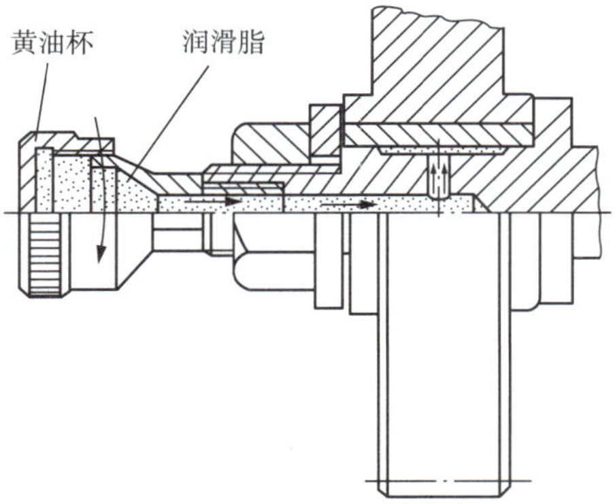


图 5－6　黄油（油脂）杯润滑

图 5－7　交换齿轮架的中轴润滑

### 5.1.3　劳动步骤

下面以 CA6140 卧式车床的清洁及润滑为例，来说明车床日常保养的一般步骤。

1. 清洁

（1）每班加工前，要擦净机床外露床身导轨面、中小滑板导轨面上的灰尘并加油。注意：在加润滑油前，一定要用棉纱对将要润滑的导轨表面及需要加油的部位进行清洁擦拭。

（2）每班加工后，要认真仔细清理机床上面的切屑，擦干净导轨面上的冷却液。清理时先用毛刷扫去机床床身（图 5－8a）及各导轨上面的切屑（图 5－8b）；再用棉纱把机床各导轨面（图 5－9a、图 5－9b）、尾架套筒（图 5－9c）、各防护罩、三杠（图 5－10）、各操作手柄及机床外观表面擦拭清洁干净，尤其要注意把所有导轨面上的冷却液水迹抹干净，以免导轨生锈；最后清理机床底部的切屑接盘及周边环境等，做到机床整体无油污、无碎屑、各导轨面无水迹。

a.清扫溜板箱表面

b.清扫床身导轨面

图 5－8　清扫溜板箱及导轨切屑

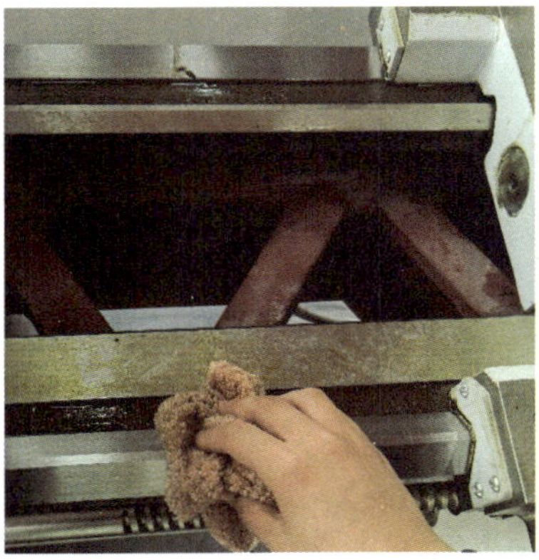

a.擦床身导轨面

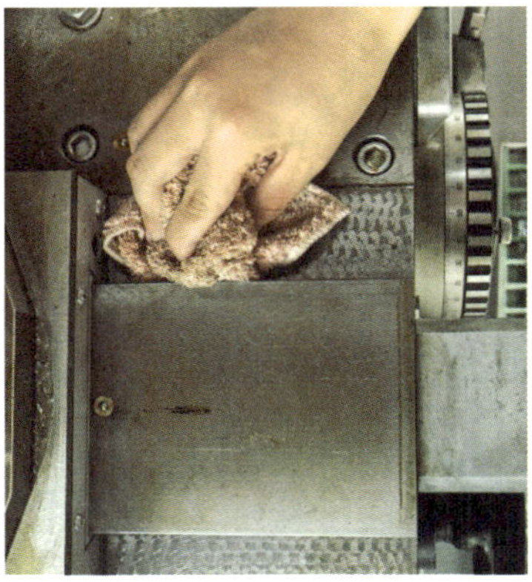

b.擦中滑板导轨面

c.擦尾架套筒

图 5 - 9　擦拭机床导轨及尾架套筒

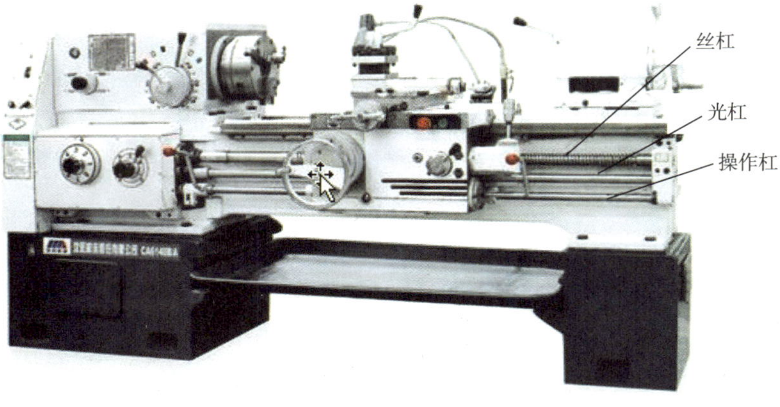


图 5 - 10　卧式车床的三杠

(3) 取下进给箱上的进给标牌盖板，检查进给箱上部及其油绳是否清洁，如图 5 - 11 所示；打开丝杠托架上油池盖板，检查丝杠托架上油池内的油绳是否清洁，如图 5 - 12 所示；拆下溜板箱两侧护床油毡盖板，检查两侧油毡是否清洁，必要时应对其进行清洗或更换，一般每周检查清洗一次，如图 5 - 13 所示。

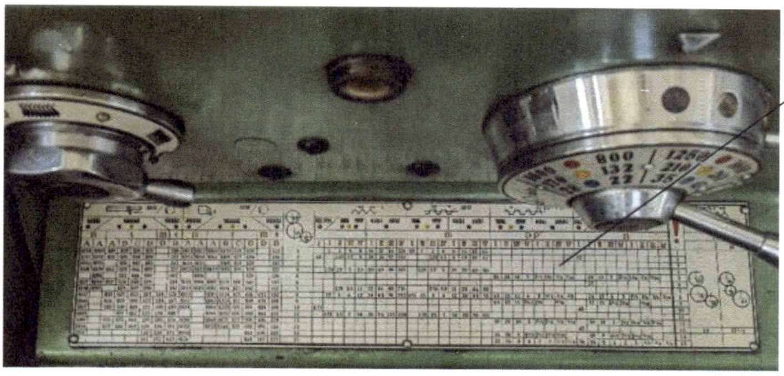


图 5－11　进给箱

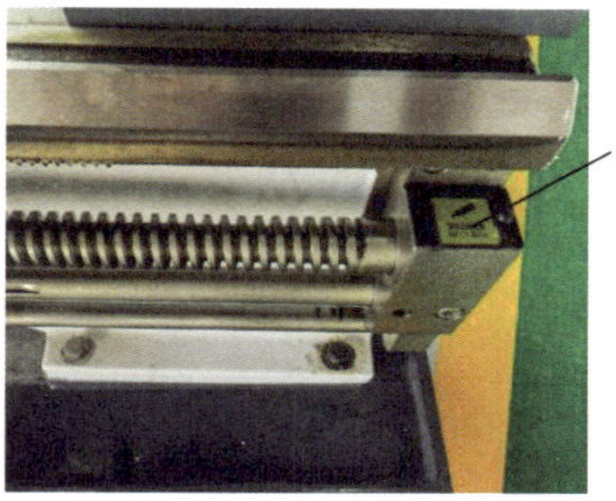


图 5－12　光丝杠托架

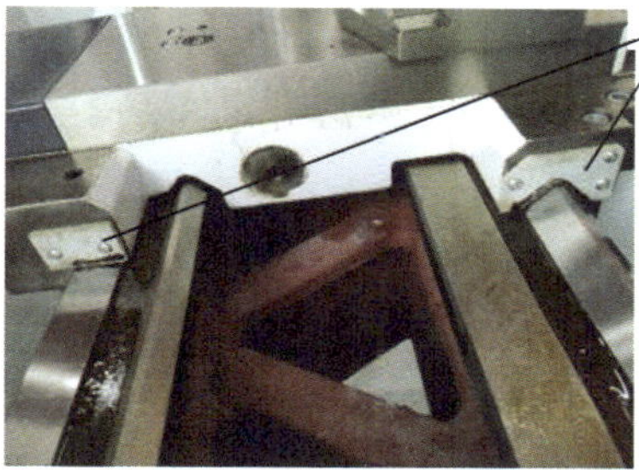


图 5－13　溜板箱

### 2. 润滑

（1）CA6140 卧式车床每班运转前，需要检查各注油孔，并严格按照机床所规定的润滑油牌号及润滑周期要求，对机床相应的润滑点进行润滑。CA6140 卧式车床润滑点分布如图 5－14 所示，CA6140 卧式车床润滑油更换要求见表 5－1 所列。

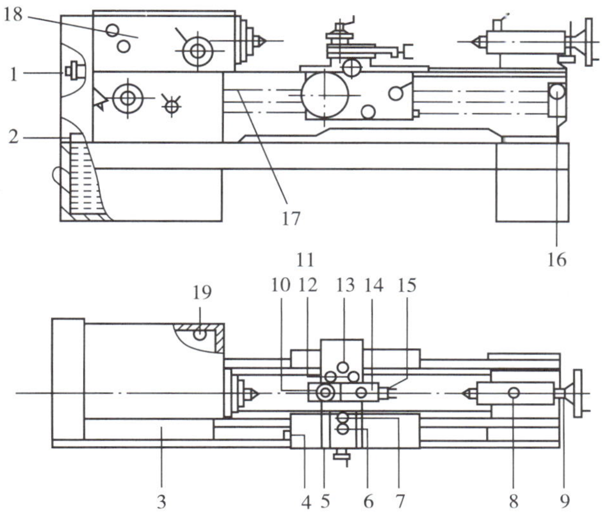


图 5－14　CA6140 卧式车床润滑点分布图

表 5-1 CA6140 卧式车床润滑油更换要求表（按照两班制计）

| 序号 | 润滑部位 | 润滑剂牌号 | 润滑周期 | 润滑点数量 | 备注 |
| --- | --- | --- | --- | --- | --- |
| 1 | 交换齿轮箱中的中间齿轮轴 | 2 号钙基润滑脂 | 每班一次 | 1 | 拧动油杯盖 |
| 2 | 进给箱 | HL46 号液压油 | 每 50 天换一次 | 1 | 油桶加注 |
| 3 | 进给箱上部油孔 | HL46 号液压油 | 每班注油一次 | 1 | 油绳导油润滑，油壶加注 |
| 4～7、10～15 | 溜板箱、刀架、中小滑板注油孔 | HL46 号液压油 | 每班注油一次 | 10 | 弹子油杯润滑，压力油枪加注 |
| 8～9 | 尾座上注油孔 | HL46 号液压油 | 每班注油一次 | 2 | 弹子油杯润滑，压力油枪加注 |
| 16～17 | 光杠、丝杠及其托架注油孔 | HL46 号液压油 | 每班注油一次 | 2 | 弹子油杯和油绳导油润滑，压力油枪加注 |
| 18 | 床头箱油箱 | HL46 号液压油 | 每 50 天换一次 | | 油桶加注 |
| 19 | 床头箱盖下油孔（润滑电器箱内的床身立轴套） | HL46 号液压油 | 每 7 天换一次油 | 1 | 油壶加注 |

注：表中第一列的序号数字与图 5-14 的 CA6140 卧式车床润滑点分布图中的数字相对应。

(2) 对于每班润滑的各润滑点，依据各润滑点润滑方式的不同，选用相应的油壶或压力油枪加注润滑油。图 5-15 所示的车床右端光杠和丝杠后托架储油池处，采用压力油枪或油壶加注润滑油；图 5-16 所示的进给箱上部油绳导油润滑处，采用油壶或压力油枪加注润滑油。

图 5-15 光杠、丝杠后托架润滑油加注方式

图 5-16 进给箱上部润滑油加注方式

(3) 每班运转结束后，用压力油枪或油壶给擦拭清洁干净的床身导轨加油，如图 5-17所示。对中小滑板导轨进行浇油润滑，如图 5-18 所示。

(4) 将溜板箱、中小滑板、尾架等部件归位，完成本次车床保养项目。

图 5 - 17　床身导轨加油

图 5 - 18　中小滑板导轨加油

## 5.1.4　核心与关键点

机床保养的关键在于坚持不懈、认真对待，切不可“三天打鱼两天晒网”。首先，机床的导轨精度是机床加工精度的重要保障，因而工作中我们要保护好、爱护好机床的导轨。做到班前对导轨面加润滑油进行充分润滑后，再进行加工操作；班后要认真清理导轨面上的切屑、水渍及残留润滑油等东西，擦拭干净后再次加润滑油保护导轨。其次，班前及班后要按机床润滑图表规定的位置，加注规定牌号的润滑油，以保障机床各运动部件之间的润滑，减少运动部件的磨损，提升机床的使用寿命。

## 5.1.5　评价与感受

### 1. 评价

评价内容见表 5 - 2 所列，采用三级分制，即优秀、良好、合格。

表 5 - 2　机床清洁保养评价表

| 评价项目 | 自评结果 | 互评结果 | 师评结果 | 改进建议 |
|---|---|---|---|---|
| 机床导轨面清洁保养 | | | | |
| 机床各运动部件保养 | | | | |
| 机床外观保养 | | | | |
| 周围环境卫生清理 | | | | |
| 有没有对机床做简单的调整 | | | | |

### 2. 感受

通过本次机床清洁保养的劳动，我们了解了一般机械设备的日常保养方法及设备保养注意事项，经历了一次设备日常保养的全过程。请结合本次机床日常保养实践，谈一谈自己的收获与感受。

### 5.1.6 延伸与思考

1. 延伸

（1）设备的三级保养制度。

一般设备的保养依据工作量大小和难易程度，分为一级保养、二级保养和三级保养，所对应的维护保养制度称为“三级保养制”。一级保养又称日常保养，是由操作者本人完成班前班后保养；二级保养以操作者为主，维修人员为辅，设备一般每运行500小时进行一次保养；三级保养以维修人员为主，操作人员为辅，设备一般每运转2500小时进行一次保养。三级保养的主要内容见表5-3所列。

表5-3 设备三级保养的主要内容

| 项目 | 一级保养 | 二级保养 | 三级保养 |
| --- | --- | --- | --- |
| 主要内容 | ① 清扫、擦拭设备各部件及设备表面；<br>② 依规定对机床导轨面、机床润滑系统图示各部位加注润滑油；<br>③ 注意检查容易松脱的螺钉等，调整并消除设备各运动部位、配合部位小缺陷；<br>④ 检查设备零部件是否完整等 | ① 检查、清扫电器箱和电动机，保障安全防护装置牢靠；<br>② 彻底清洗、擦拭设备外表，清洗附件及冷却装置等，彻底清除油污；<br>③ 检查有关运动部件磨损情况，调整各部件配合间隙，紧固各部位；<br>④ 检查油泵、疏通油路，检查油箱油质、油量；<br>⑤ 清洗或更换油毡、油线、过滤器等 | 三级保养除完成前面两级保养的全部工作外，主要是针对设备易损零部件的磨损与损坏进行修复或更换；针对润滑部位的清洗及结合换油周期检查润滑油质，进行清洗换油 |

（2）设备的日常维护和保养必须做到的“三好”“四会”“五原则”。

“三好”是指操作人员针对所使用的设备要管好、用好、修好。

“四会”是指操作人员针对所使用的设备要会使用、会保养、会检查、会排除一般故障。

“五原则”是指严格遵守安全操作规程；按润滑图表规定加油，做到不搞好润滑工作不开车，不搞好清洁工作不下班；认真执行交接班制度，填好交接班及设备运转情况记录；管好工具和附件，不得遗失；不准在设备运行时离开岗位，发现故障应立即停车，自己不能处理的，应及时通知维修工人检修。

2. 思考

数控车床的日常保养与普通车床的异同点有哪些，数控车床日常保养需要注意哪些问题？

## 5.2 空气开关等家用电器的拆装

空气开关，又名空气断路器，是断路器的一种。当线路发生短路或电流超过额定电流时，空气开关就会自动断开。空气开关是低压配电网络和电力拖动系统中非常重要的一种电器，它集控制和多种保护功能于一身。

### 5.2.1 目的与意义

妈妈正在厨房烘焙蛋糕，爸爸正在看电视，你正在学习，突然家里一片漆黑！怎么回事？

大脑瞬间反应过来——停电了！最气恼不过的是看着别人家灯火通明，自己家却一片漆黑，原来是自家的线路断了！如果此时你懂点电学常识，就可以自己排查原因，解决跳闸问题了。

当空气开关跳闸以后，用手摸一下侧面，如果感觉温度很高，可能是因为过载而跳闸，反之是因为短路而跳闸。如果是过载跳闸，短期解决办法是停掉大功率电器后重新推上空气开关；长期解决办法是根据家里负载情况购买容量合适的空气开关进行更换。如果空气开关有明显烧毁痕迹或者推上以后仍然频繁跳闸，需要排查短路后再合闸。如果上述原因都不是，有一种可能是空气开关损坏（空气开关有使用年限），直接把跳闸开关的负载端拆掉，然后接上其他回路；如果依然跳闸，或者开关无法推上去，就证明开关坏掉了。这个时候重新购买同样规格的开关，换上就可以了。

本节就带领大家了解空气开关的原理，并学习空气开关的拆装操作。

## 5.2.2　空气开关工作原理

空气开关的正常工作状态如图 5－19 所示。线路正常时，推上空气开关，动触点锁定连杆和脱扣扳组合。

短路时空气开关的状态如图 5－20 所示。线路短路时，大电流产生的磁场使得磁铁吸合，向下顶出脱扣拨杆，推动脱扣板实现脱扣保护。

过载时空气开关的状态如图 5－21 所示。线路超过额定电流，U 形电阻发热（脱扣时间和电流超过的多少有关），与电阻连接的双金属片弯曲变形推动脱扣板实现脱扣保护。

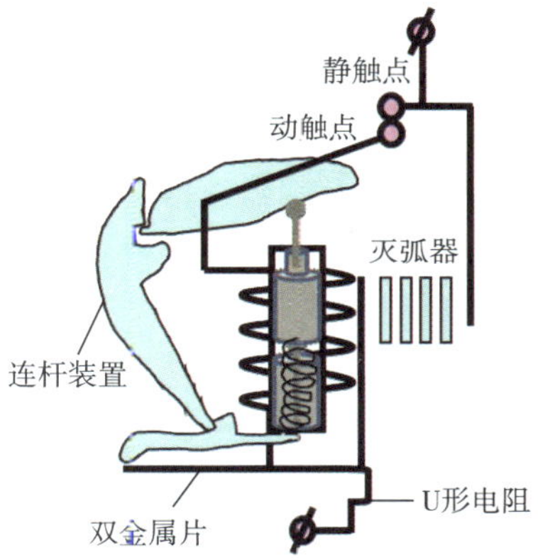


图 5－19　正常工作时动静触点闭合

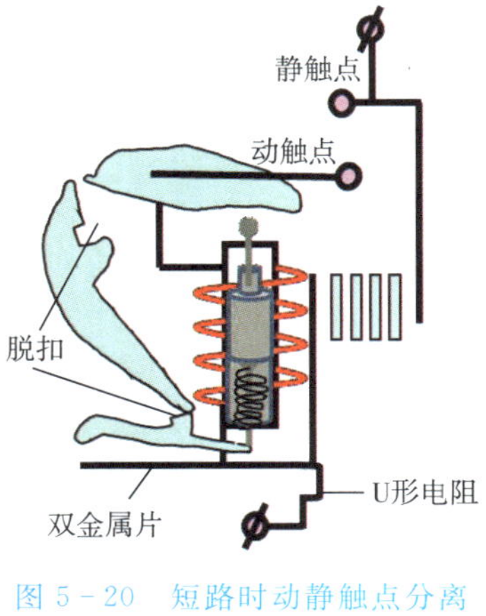


图 5－20　短路时动静触点分离

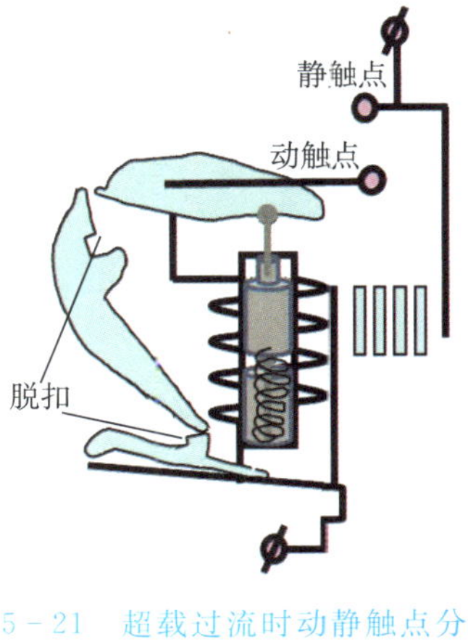


图 5－21　超载过流时动静触点分离

## 5.2.3　准备工作

### 1. 工具

斜口钳、镊子、螺丝刀，如图 5－22 所示。

2. 材料

DZ47 空气开关 1 个。家庭使用的空气开关基本上都是 DZ 系列的，一般有 C25、C32、C40、C60、C80、C100、C120 等型号，其中 C 代表脱扣类型（超过 10 倍的额定电流）。通常情况下空气开关的额定电压大于或者等于线路的额定电压，而空气开关额定电流与过电流脱扣器额定电流大于或者等于线路计算的负荷电流。

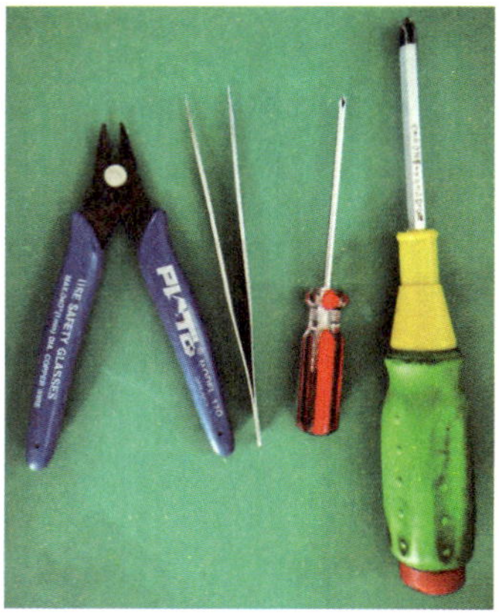

图 5-22　工具

## 5.2.4　劳动步骤

首先，关闭总开关电源（非常重要，一定要断电操作），把空气开关的外壳拆开；然后把电源接口的螺丝拧开取出电线；最后把空气开关取下就可以了。

1. 拆卸

DZ47 型空气开关正面和侧面，如图 5-23 所示。

开关标识上的 C40 表示超过 10 倍的额定电流即 400 安以上，断路器会在 100 毫秒的时间内跳断来保护电路。

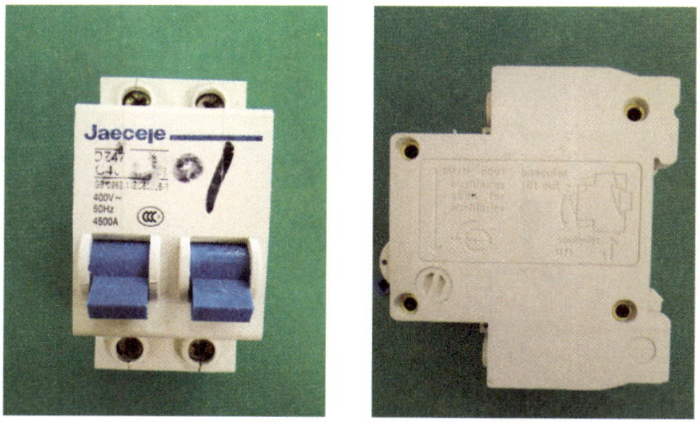

正面　　侧面

图 5-23　空气开关正面和侧面

（1）用斜口钳将铆钉向内拨，四个全部处理，如图 5-24 所示。

（2）取下铆钉，两种规格各 2 只，如图 5-25所示。

（3）左右用力掰，使左右两部分分开，如图 5-26、图 5-27 所示。空气开关内部配件如图 5-28 所示。联动装置配件如图 5-29 所示。

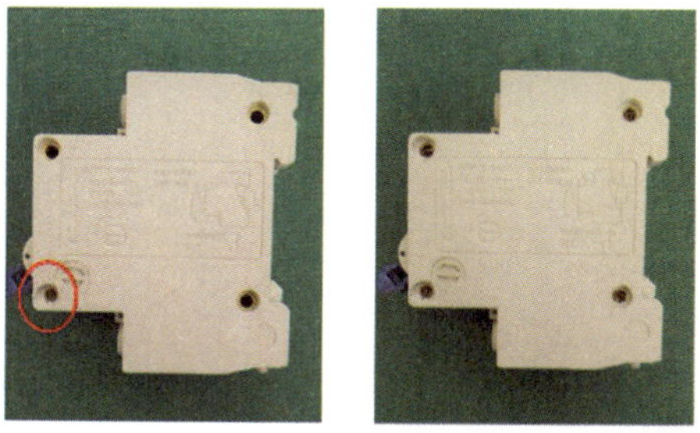

图 5-24　拆铆钉

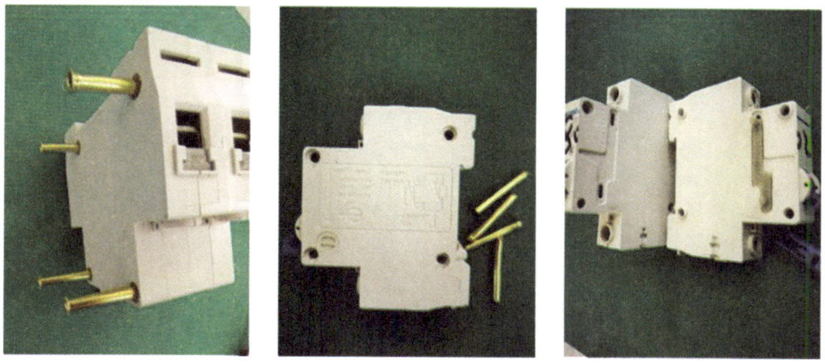

图 5－25　取下铆钉

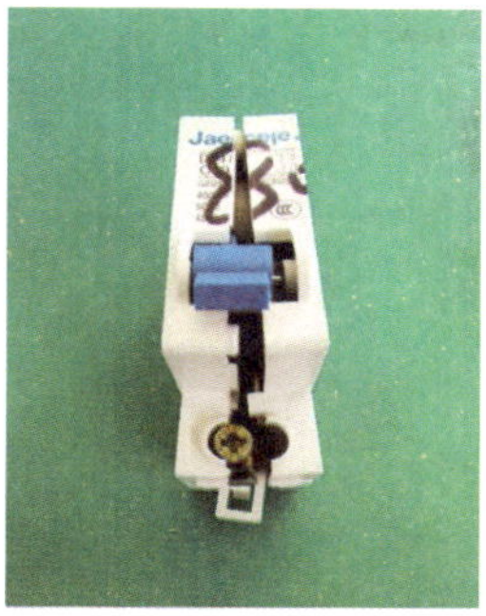

图 5－26　左右掰开

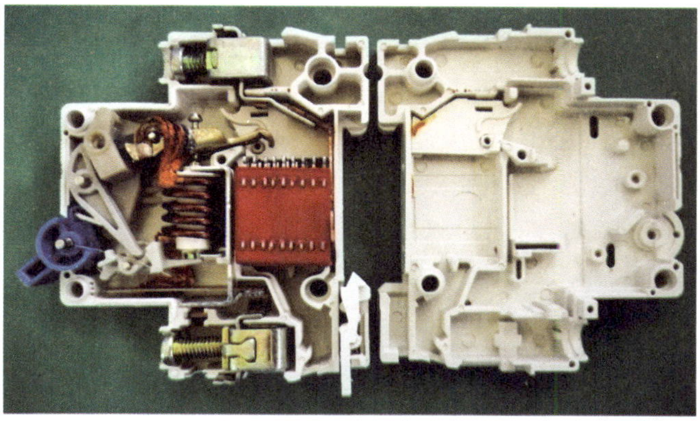

图 5－27　空气开关内部结构

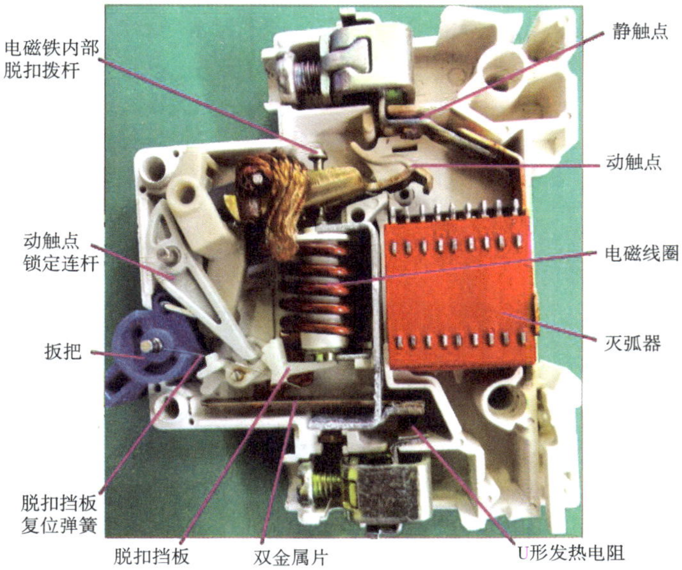


图 5－28　配件名称

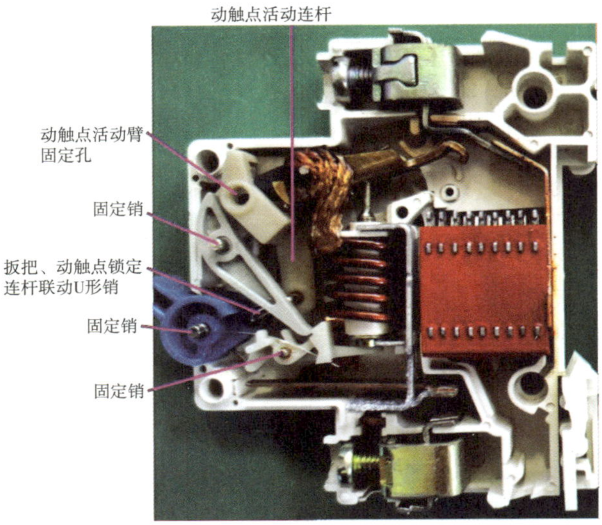


图 5-29　联动装置配件

（4）拆卸内部配件。

① 拆卸静触点和灭弧器，如图 5-30 所示。回路感性负载较重时，触点分断会产生反电动势，因为没有放电回路，所以会试图击穿空气产生电弧。电弧被引入灭弧器冷却放电，最后以热能形式消耗掉，从而起到保护触点和消弧作用。

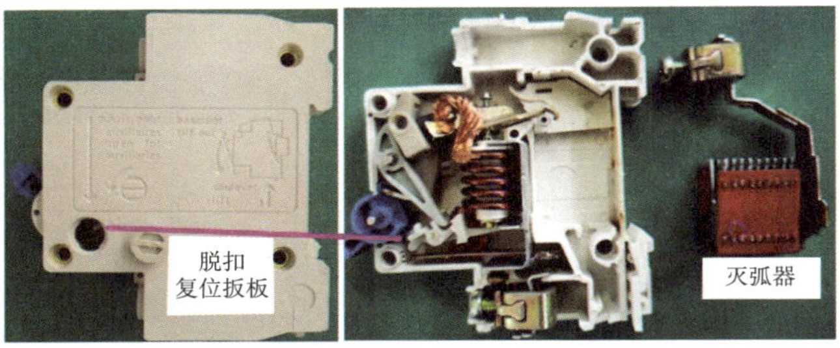


图 5-30　拆离静触点和灭弧器

② 拆卸动接触点及电磁装置，如图 5-31 所示。线路发生短路时，线圈瞬时通过很大电流，产生磁场，软磁铁产生磁力吸引脱扣拨杆，如图 5-31e 所示；磁场消失后，靠弹簧弹力顶起脱扣拨杆，如图 5-31d 所示。联动装置如图 5-32 所示。

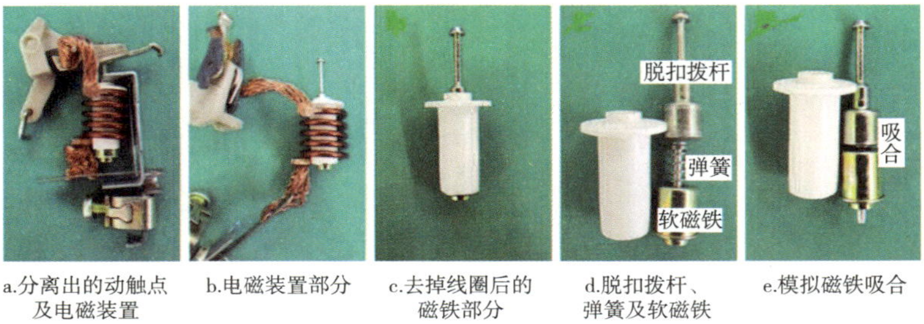


a.分离出的动触点及电磁装置　b.电磁装置部分　c.去掉线圈后的磁铁部分　d.脱扣拨杆、弹簧及软磁铁　e.模拟磁铁吸合

图 5-31　动触点及电磁装置

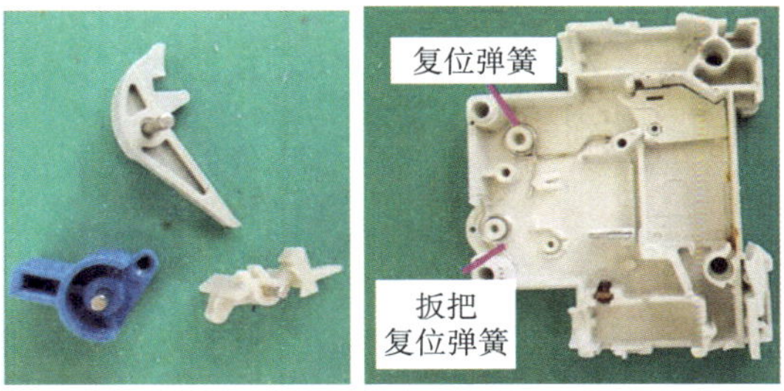


图 5-32　联动装置

## 2. 装配

（1）安装静触点，如图 5-33 所示。

（2）安装灭弧栅，如图 5-34 所示。

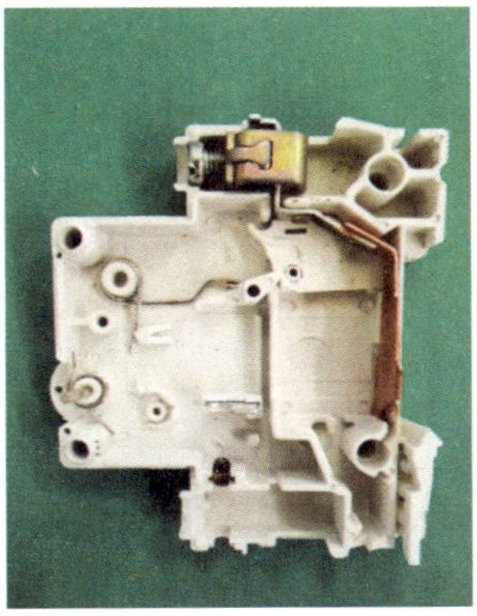

图 5-33　安装静触点

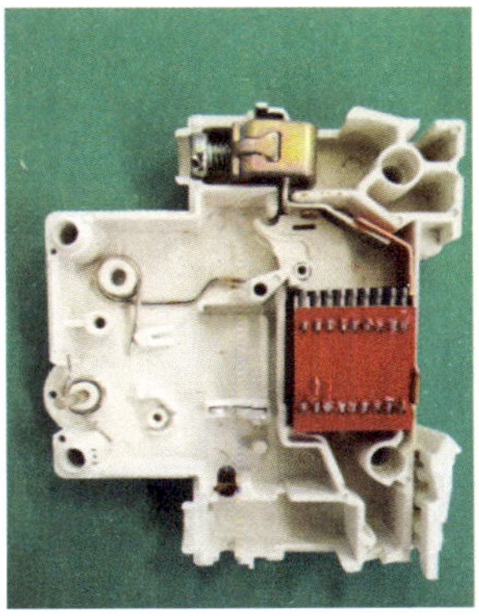

图 5-34　安装灭弧栅

（3）安装动触点。

① 安装电磁装置，先装入脱扣拨杆，并装入白色帽突起部分；继而将软磁铁内部放入弹簧及活动杆；再将软磁铁部分放入白色帽内固定，如图 5-35 所示。

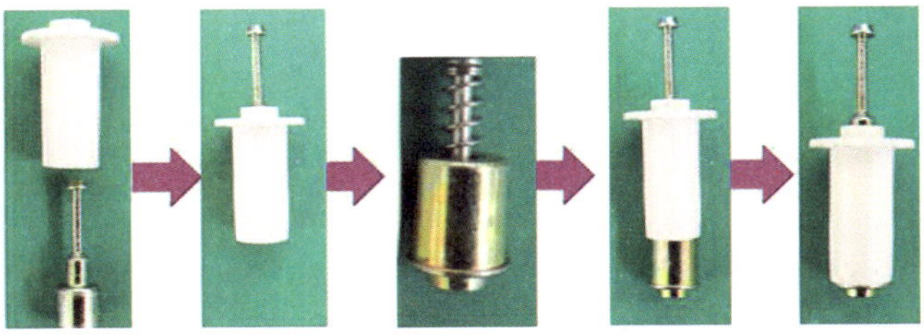

图 5-35　安装电磁装置

② 将电磁装置塞入线圈内，电磁装置内部脱扣拨杆装入动触点臂上的豁口处，如图 5-36所示。

③ 将动触点部分装入盒内，如图 5－37 所示。

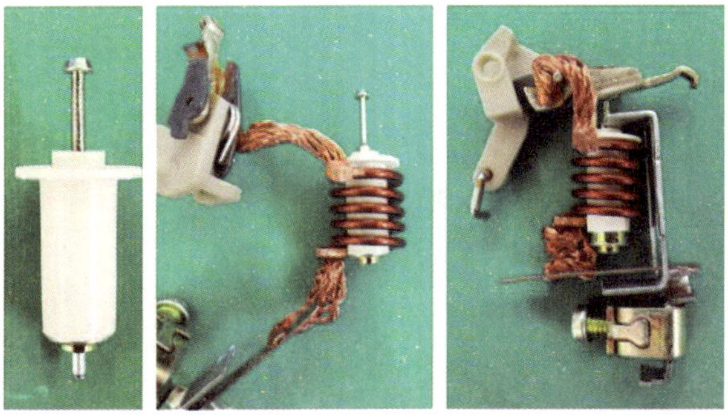

图 5－36　安装线圈

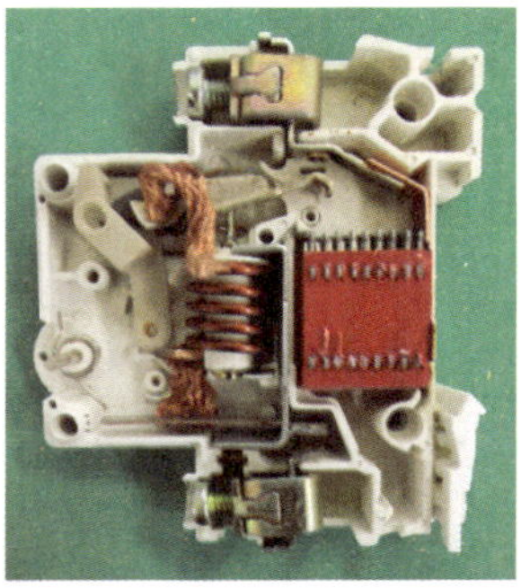

图 5－37　安装动触点

（4）安装联动装置，如图 5－38 所示。

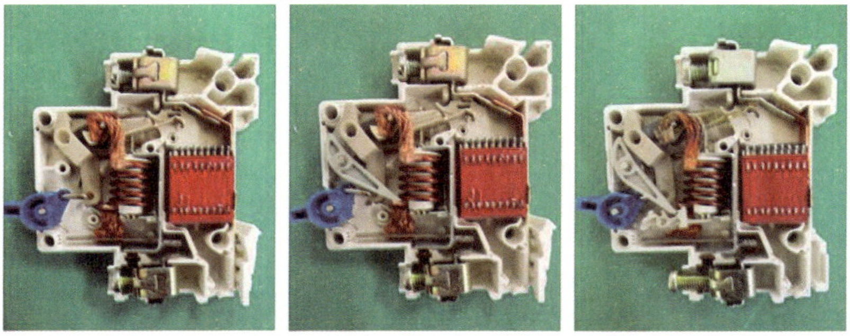

图 5－38　安装联动装置

（5）合上盖子，如图 5－39 所示。

（6）用铆钉固定装置，安装完成。

图 5－39　合上盖子

## 5.2.5　核心与关键点

（1）拆除铆钉比较费力，需要使用合适的工具，此处使用的是斜口钳（也可以用电工刀代替）。

（2）连杆设计得比较巧妙，拆解时需要加倍小心，零件细小不容易装回。

（3）电磁装置小巧精致，拆解时注意收集保管，不要弄丢。

## 5.2.6　评价与感受

### 1. 评价

评价内容见表 5－4 所列，采用三级分制，即优秀、良好、合格。

表 5-4　空气开关拆解评价表

| 评价项目 | 自评结果 | 互评结果 | 师评结果 | 改进建议 |
|---|---|---|---|---|
| 使用工具情况 | | | | |
| 拆解过程 | | | | |
| 电气内部各部件识别 | | | | |
| 电气动作原理理解情况 | | | | |
| 安装是否掌握 | | | | |

2. 感受

通过本次拆解空气开关的劳动，了解了空气开关的内部结构及工作原理，经历了一次常用家用电器的拆解全过程。请结合本次拆解空气开关的实践，谈一谈自己的收获与感受。

### 5.2.7　延伸与思考

1. 延伸

空气开关，这个名字好奇怪，为什么要以“空气”为名呢?

这主要是根据它在断开电路时所采用的一种灭弧方式而得名。这种开关可分离的触点是在大气压力的空气中进行分断和闭合的，简言之“空气开关”能在空气中分断。动触点周围是空气，灭弧介质是空气，所以叫空气开关，以区别于真空开关、六氟化硫开关等，如图 5-40 所示。

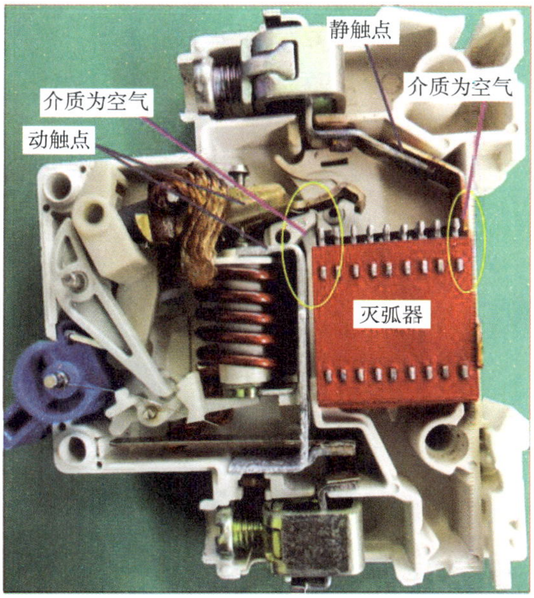


图 5-40　空气开关灭弧器

灭弧器是由一排硅钢片组成，如图 5－41 所示。产生的电弧被吸引到硅钢片上，这使硅钢片之间产生一段新的电弧，依次向后面的硅钢片传导，直至把电弧拉扯到与整个灭弧罩的长度相同。当每段电弧的电压降低，没有足够的能量的，电弧就消失了，从而达到灭弧的目的。灭弧器采用硅钢片是因为其散热速度很快，可以有效避免热量的聚集。

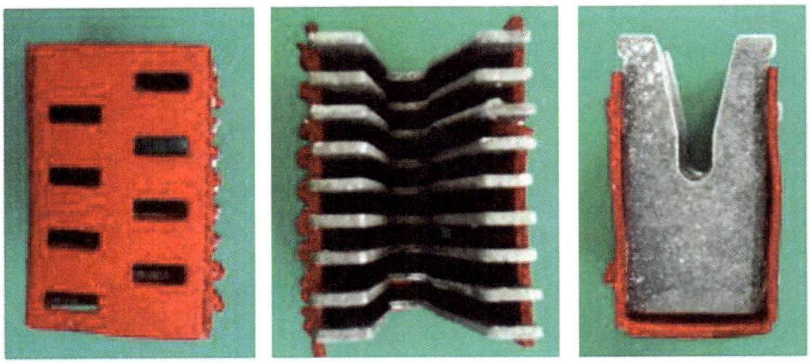

图 5－41　灭弧器底部、上部、侧面

空气开关在人们日常生活中应用十分广泛，它保护着日常用电的安全。挑选空气开关时应注意以下几点：

（1）掂重量。一般情况下，质量好的空气开关会使用 PC（聚碳酸酯，一种无色透明的无定型热塑性材料）作为阻燃材料，里面使用的材质为纯铜线，使用的越多就越重。

（2）看认证。仔细看标签，看上面有无获得 CCC 认证。

（3）看防伪。质量好的开关表面一般都会有防伪标志。

家庭空气开关的选择一般按照 1～1.1 倍负载计算电流确定，各个分空气开关的电流不要超过总空气开关的电流，否则会出现“越级”跳闸保护的现象。

家中最好备用几个空气开关，以防空气开关损坏时更换。值得注意的是：空气开关发生跳闸时一定要检查线路，查出是何种原因导致空气开关跳闸的，若是短路，应查明短路的原因，再检查空气开关是否损坏；若损坏，应更换合适的空气开关；若没有损坏，可继续使用；若是过载发生的跳闸，可以根据实际电流选择合适容量的空气开关来解决。

2. 思考

通过上面的介绍，可以看到空气开关具有短路保护和过载保护两种功能，但生活中还会存在漏电风险，若想使电路具有漏电保护功能，该采用什么办法？其中原理是什么呢？

## 5.3　家庭照明的接法

越来越多的人追求装修的舒适性和生活的优质感，也更加注重健康、环保以及实用。

家庭装修，水电先行，这些前期工程都需要认真考虑，技术加上细节能让我们的生活处处充满便捷和温馨。如果前期考虑得不周到，后期想要改动就非常麻烦，还会影响美观。

## 5.3.1　目的与意义

有没有过收拾妥当，躺在床上舒舒服服想睡觉，还要下床去关灯的无奈？如何能在晚上踏入房门第一时间让光线满屋，又能在休息时随手关闭，还不用增加预算多装一盏台灯？

采用一灯双控、一灯三控甚至一灯多控可以让你舒心又省钱。

## 5.3.2　准备工作

### 1. 材料

一开双控开关 2 个，如图 5－42 所示。一开多控开关 1 个，如图 5－43 所示。铜线若干。

正面

背面

图 5－42　一开双控开关正背面

正面

背面

图 5－43　一开多控开关正背面

### 2. 工具

螺丝刀 1 把、多功能剥线钳 1 把。

## 5.3.3　劳动步骤

### 1. 一灯双控电路原理及接法

将 2 个单刀双掷开关的两个触点分别相连，即开关 K1 的触点 L1 与开关 K2 的触点

L1 相连，开关 K1 的触点 L2 与开关 K2 的触点 L2 相连，然后将 2 个开关的 L 点作为整个开关的两端接入电灯的两端。

当开关 K1 和 K2 的刀同时打向各自触点 L1 或 L2 时，电路接通，则灯亮。若两开关的刀 1 个打向触点 L1 而另 1 个打向触点 L2 时，电路不通，则灯灭。因此 2 个开关都可以控制灯。

图 5 - 44 所示为一灯双控电路原理图，它很清晰地展示了线路的走法。

图 5 - 45 所示展示了单刀双掷开关背部的接线图。

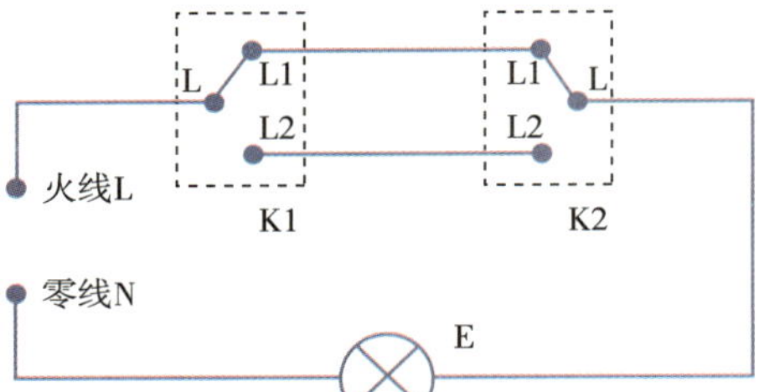


图 5 - 44　一灯双控电路原理图

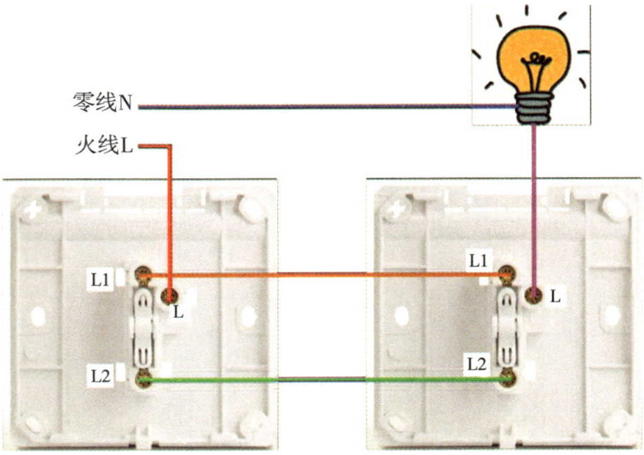


图 5 - 45　实物接线图

原理图和接线图简洁直观，但在实际操作中会有很多实际情况需要考量，比如在地上开槽还是天花板开槽，电线尽量装在管道里一起出线等。图 5 - 46 所示的为室内一灯双控接线示意图。

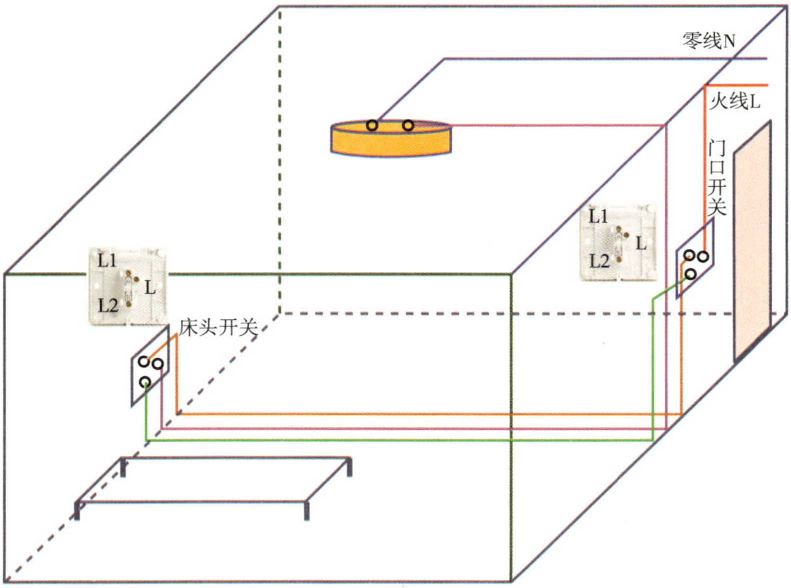


图 5 - 46　室内一灯双控接线示意图

## 2. 一灯三控电路原理及接法

一灯三控是指三个开关控制同一盏灯，即在双控的基础上，把两个开关的连接线中间再加上一个双刀双掷开关。

例如，进入客厅时可以控制一盏灯，在卧室里也可以控制它，这就要求在卧室中安装一个开关实现对客厅灯的控制。在卧室里也可以安装一灯三控，方便就近关闭电源。

三控开关怎么接线呢?

将两个单刀双掷开关按两个开关控制一盏灯的方法接线，然后把两个开关之间的两根双连线断开后，用一个双刀双掷开关把它们连接起来。通过它的开和关，达到原来的两根线恢复导通或交叉后导通，如此就实现了三个开关控制同一盏灯，如图 5－47 所示。图 5－48 所示为两个单刀双掷开关和一个双刀双掷开关的背部实物接线。

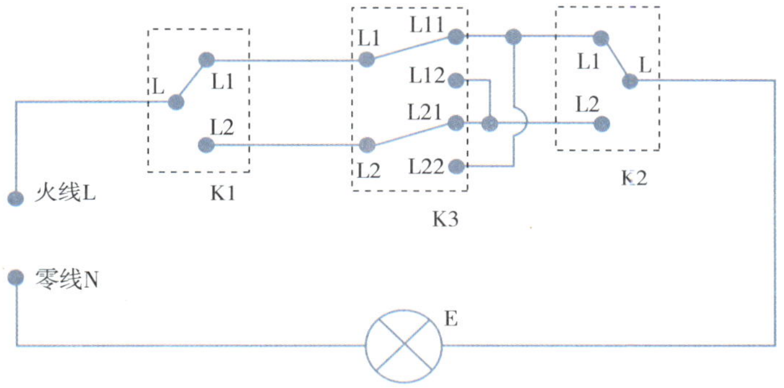


图 5－47　一灯三控电路原理

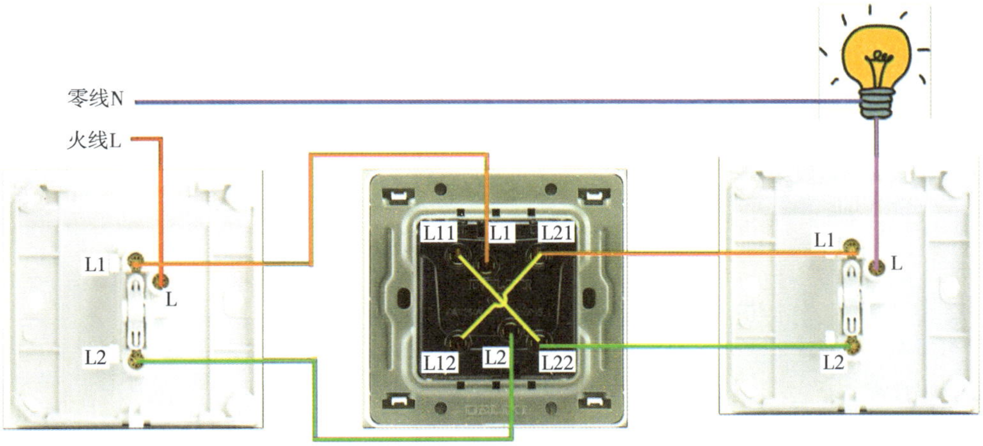


图 5－48　实物接线图

在卧室安装一灯三控，可以满足个人需求，实现就近关灯，但布线较为复杂。如图 5－49所示为卧室一灯三控接线示意图。

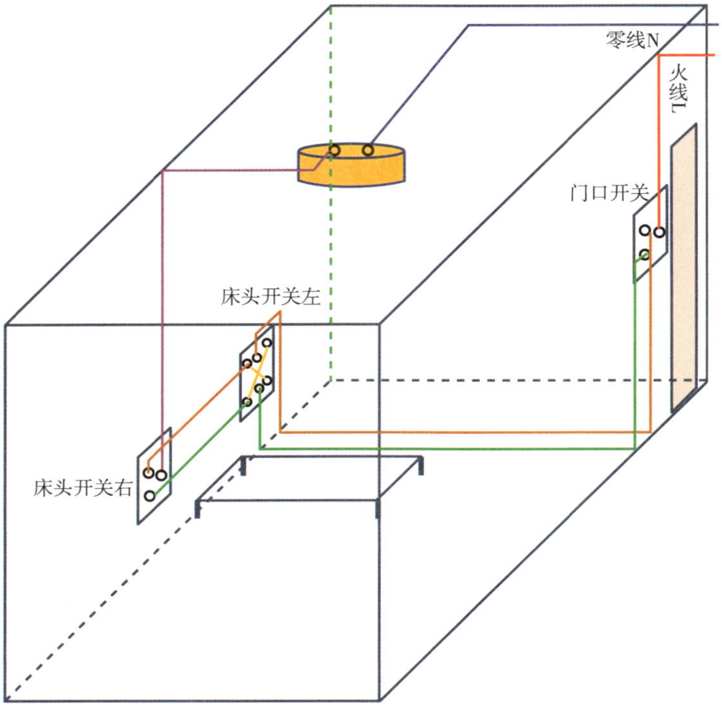


图 5-49　卧室一灯三控接线示意图

## 5.3.4　核心与关键点

控制电灯的开关应该接在火线和灯泡之间。当开关断开时，电路中没有电流通过，且电灯与火线断开连接，防止人触及灯或其他导电部位，发生触电事故。

## 5.3.5　评价与感受

### 1. 评价

评价内容见表 5-5 所列，采用三级分制，即优秀、良好、合格。

表 5-5　照明线路连接评价表

| 评价项目 | 自评结果 | 互评结果 | 师评结果 | 改进建议 |
|---|---|---|---|---|
| 开关识别 | | | | |
| 电路图识别 | | | | |
| 线路连接规范性 | | | | |
| 空间布局合理性 | | | | |

### 2. 感受

通过参与本项目的劳动，了解了一灯双控、一灯三控电路的工作原理和接线方法，经历了一次家庭装修水电改造中电线布线的全过程。请结合本次家庭照明线路布局的实践，谈一谈自己的收获与感受。

### 5.3.6　延伸与思考

1. 延伸

在生活中，根据需要选择一灯两控还是一灯三控。

客厅的电灯开关可以在进门和过道处设置，这样从客厅去卧室歇息的时候，可以不用折返，直接在过道关掉客厅的灯，也可以在卧室增加一处控制，变成一灯三控，实现在卧室里关闭客厅的灯。

卧室的电灯开关可以做两控也可以做三控，非常方便地解决了入门开灯和卧床休息闭灯的需要。

2. 思考

（1）有些小区的楼道里也采用开关控制，你认为采用一灯几控合适？

（2）大型会场中有时会用到一灯多控的情况，你能画出它的控制电路图吗？

## 5.4　计算机主机拆装

计算机是 20 世纪最先进的科学技术发明之一，对人类的生产活动和社会活动产生了极其重要的影响，并以其强大的生命力飞速发展。它的应用领域从最初的军事科研扩展到社会的各个方面，形成了规模巨大的计算机产业，带动了全球范围的技术进步，由此引发了深刻的社会变革。如今，计算机已遍及学校、企事业单位，进入寻常百姓家，成为信息社会中必不可少的工具。

### 5.4.1　目的与意义

信息时代，笔记本以它的小巧轻便赢得了人们越来越多的青睐。但是对于需要工作站服务器进行模拟运算的专业人士或者网络游戏爱好者，台式机仍然有它独特的魅力。台式机除了速度快，还具有散热性能好、升级换代快、扩展容易、外设接口多样、维修费用低廉等优点。

如果略懂计算机拆装知识，就可以自己动手得到性价比更高或配置更佳的电脑，后期对电脑故障诊断排除也变得得心应手，同时也方便以后的升级扩展。

### 5.4.2　准备工作

1. 材料

台式计算机主机 1 台、硅胶。

2. 工具

螺丝刀、尖嘴钳等，如图 5 - 50 所示。

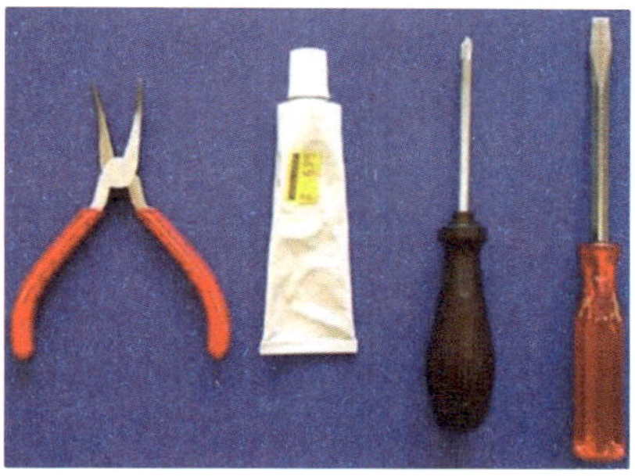

图 5 - 50　拆装工具

## 5.4.3 劳动步骤

计算机系统包括硬件和软件两部分，硬件有主机、显示器、键盘、鼠标。其中，主机是计算机的核心与灵魂，也是最复杂的部分，主机内包含 CPU、内存条、主板、显卡、电源、声卡等。计算机拆装主要指主机的拆装。

### 1. 拆解计算机主机

（1）拧下螺丝，取下机箱盖板，如图 5-51、图 5-52 所示；机箱内部各部分如图 5-53 所示。

（2）取下数据线及电源线，SATA 线是台式机硬盘连接主板的数据线，如图 5-54 所示。SATA 已经完全取代旧式 PATA（Parallel ATA 或旧称 IDE）接口的旧式硬盘，采用串行方式传输数据。

（3）拆散热片及 CPU 风扇，如图 5-55 所示。CPU 风扇又称为散热风扇，用来给 CPU 散热；散热片将 CPU 的热量传导出来并用风扇吹到空气中，起到降温的效果。降温效果的好坏与 CPU 风扇、散热片的品质有关。拆卸过程如图 5-56 至图 5-59 所示。

图 5-51　螺丝刀取下两颗螺丝

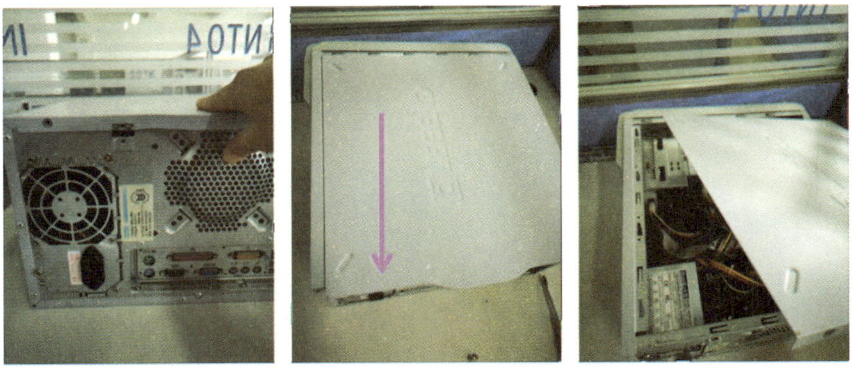

图 5-52　放倒机箱，沿箭头方向抽出盖板

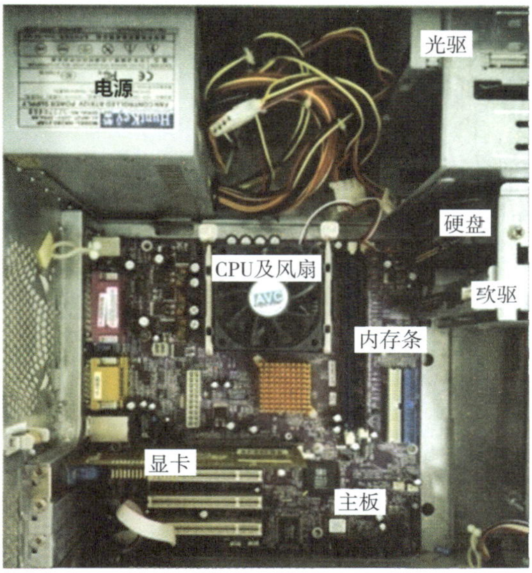


图 5-53　计算机主机各部分名称

图 5-54　SATA 接口数据线

图 5-55　CPU 风扇

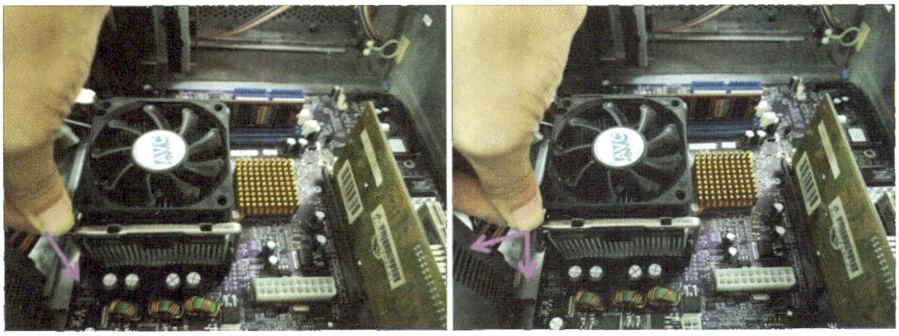

图 5-56　拇指向下摁住夹子，同时食指向外掰

图 5-57　然后拇指向上提，夹子即可取下

图 5-58　同样的方法，取下第二个夹子

图 5-59　取下散热片和 CPU 风扇

（4）取下内存条。内存的作用是与计算机处理器 CPU 进行信息交换，其容量及性能是影响整台计算机性能最重要的因素之一。拆卸过程如图 5-60、图 5-61 所示。

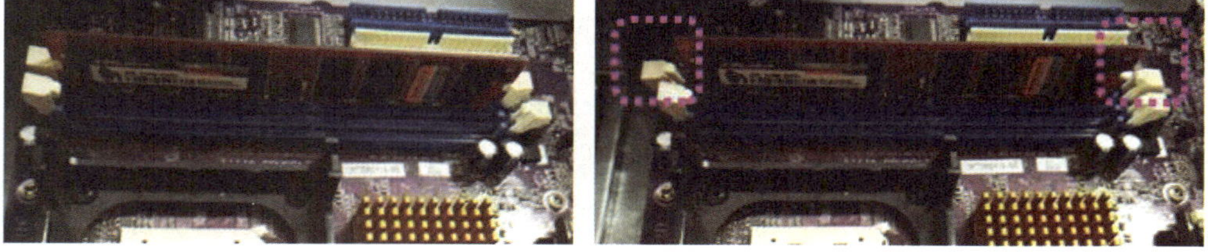

图 5-60　白色卡子向两边扳动

（5）取下硬盘。硬盘是计算机中用于存储数据的外存储器，由磁盘、驱动盘片转动系统、读写信息系统、电源控制系统组成。硬盘的位置一般是在机箱的前部、中部靠下的位置。找到后可以看到硬盘左右各有两颗螺钉固定，用相匹配的螺丝刀卸掉螺钉，就可以拆下硬盘了，如图 5－62 所示。

图 5－61　向上取下内存条

图 5－62　用螺丝刀拧下固定的螺钉

（6）取下显卡。显卡安装在主板上，是用于连接主板与显示器的一块插卡。从机箱后壳上移除扩充挡板螺钉，打开 AGP 插槽卡扣，取下显卡，如图 5－63、图 5－64 所示。

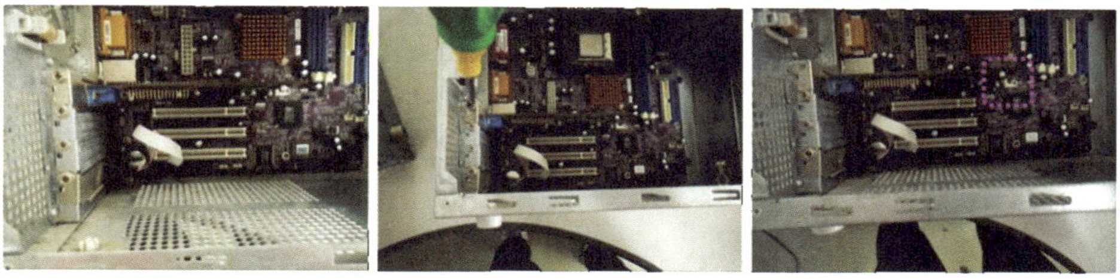

图 5－63　取下扩充挡板螺钉，打开 AGP 卡扣

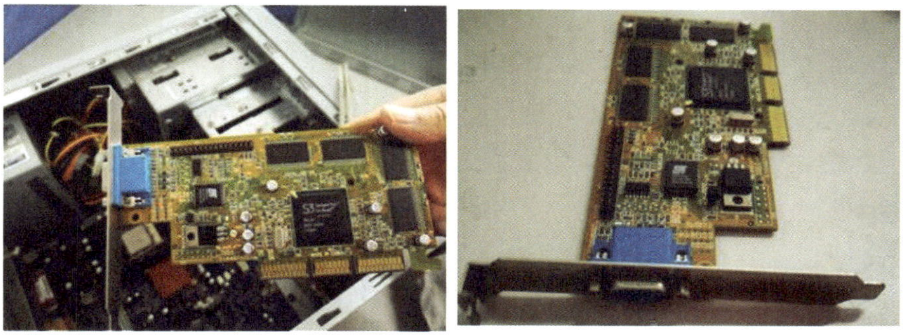

图 5－64　取下显卡

（7）取下主板。主板是用于连接各组成部件的印刷电路板，是整个计算机系统平台的载体，担负着系统中各种信息的交流，也称系统板或母板。主板由 PCB 板、CPU 插座、主板芯片组［南桥（控制输入输出）、北桥（控制 CPU、内存和显卡）］、各类插槽（内存插槽、扩展插槽等）、接口（硬盘、光驱、软驱）等组成，如图 5－65、图 5－66 所示。拧下固定主板的螺钉，这样主板就可以取下来了。

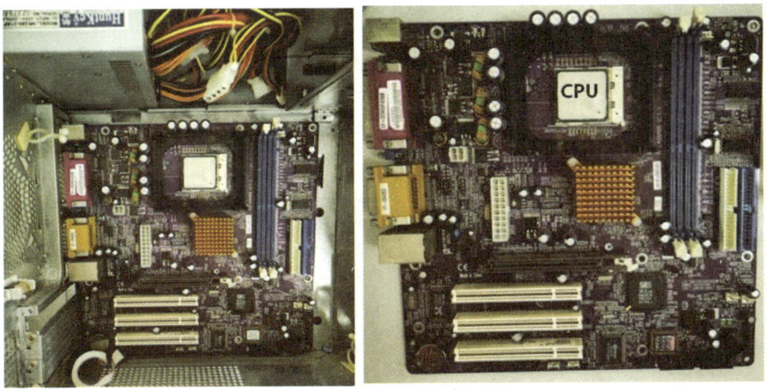


图 5 - 65　主板

（8）拆卸 CPU。CPU 是中央处理器（Central Processing Unit）的缩写，是计算机的核心部件，由运算器和控制器组成。其拆卸过程如图 5 - 67、图 5 - 68 所示。

CPU 主要参数包括如下内容。

主频：CPU 核心工作的时钟频率，是在 CPU 内数字脉冲信号的振荡速度。

外频：系统总线的工作频率，是 CPU 与主板之间同步运行的时钟频率。

图 5 - 66　主板背面

倍频：倍频系数（分频技术），CPU 主频＝外频×倍频系数。

图 5 - 67　稍向外、向上用力拉开 CPU 插座上的锁杆

图 5 - 68　与插座呈 90°角，即可从处理器插座取下 CPU

一开始，CPU 主频和系统总线速度是一样的，所以没有倍频的概念，但随着 CPU 速度越来越快，出现了倍频技术。在台式机中，所谓的超频，都是指超 CPU 的外频。相同的外频下，倍频越高，CPU 的频率也越高。

## 2. 装计算机主机

（1）安装电源。ATX 2.0X 是英特尔对电源所做的规范，电源双路输出，一路为 CPU 独立供电，另一路为显卡和外显独立供电，如图 5-69 所示。

图 5-69　电源

（2）安装 CPU 芯片，如图 5-70 所示。

图 5-70　安装 CPU

① 稍向外、向上用力拉开 CPU 插座上的锁杆，与插座呈 90°角，以便让 CPU 能够插入处理器插座。

② 将 CPU 金三角对应底座上的三角部位。

③ CPU 只有在方向正确时才能够被插入插座中，然后按下锁杆。

④ 在 CPU 的金属外壳上均匀涂抹足量的散热膏（硅脂）。注意：不要涂得太多，只要均匀地涂上薄薄一层即可。

（3）安装主板，如图 5-71 所示。

图 5-71　用螺丝将主板固定在机箱上

（4）安装硬盘，将硬盘装入托架，然后左右各用两颗螺丝固定，如图 5-72 所示。

图 5-72　装入硬盘，再用螺丝固定

注意：硬盘在工作时其内部的磁头会高速旋转，因此必须保证硬盘安装到位，确保固定。硬盘的两边各有两个螺丝孔，最好能上四个螺丝，并且在上螺丝时，四个螺丝的进度要均衡，切勿一次性拧好一边的两个螺丝，然后再去拧另一边的两个。

（5）安装 CPU 风扇。

① 将散热片及风扇安装在固定底座上。

② 然后将两个压杆压下以固定风扇，需要注意的是每个压杆都只能沿一个方向压下，如图 5-73 所示。

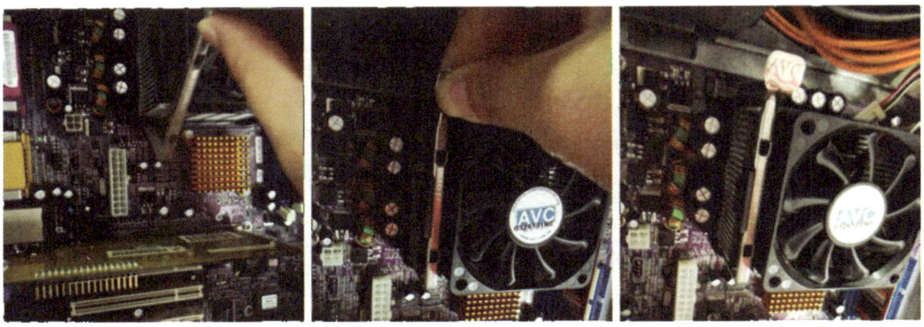

图 5-73　先将一边压杆勾住底座槽，再将另一边压杆向下、向内勾

③ 最后将 CPU 风扇的电源线连接到主板上 3 针的 CPU 风扇电源接头上，如图 5-74 所示。

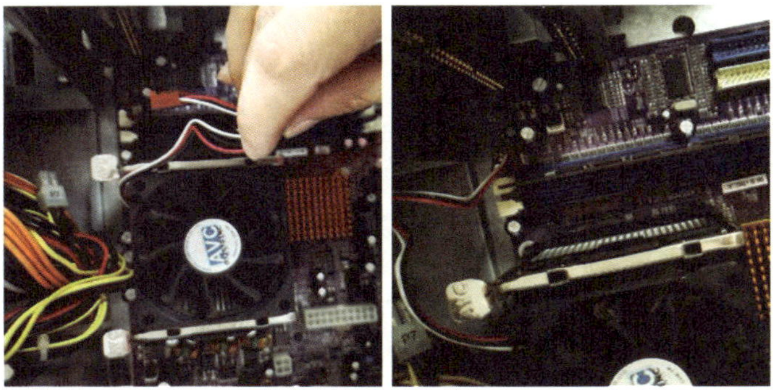

图 5-74　连接风扇电源

(6) 安装内存条。

① 安装前先将内存插槽两端的白色卡扣向两边扳动，将其打开，这样才能将内存条插入。

② 插入内存条，内存条上的凹槽必须对准内存插槽上的凸点，如图 5-75、图 5-76 所示。

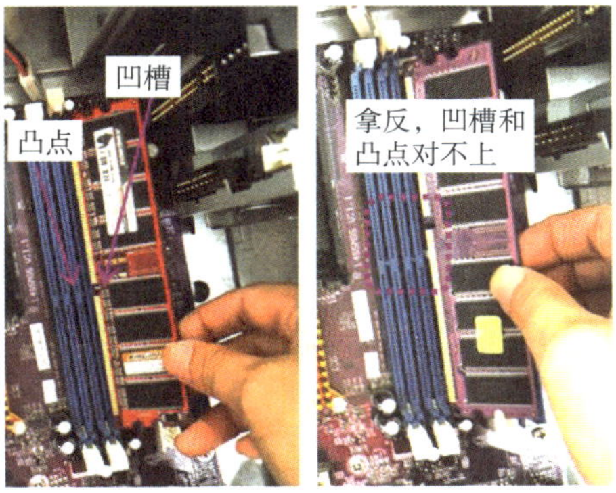


图 5-75　安装内存条

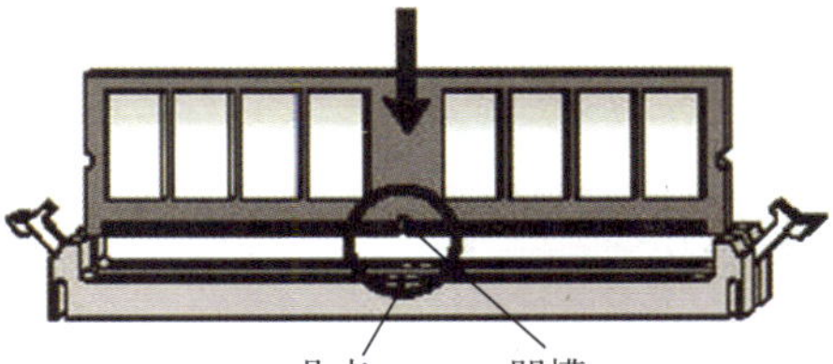


图 5-76　凹槽和凸点对应

③ 再向下按入内存条，在按的时候需要稍稍用力，听到“咔哒”一声后，内存条插槽两端的两个卡扣就卡在了内存条两端的缺口上，这时即完成了内存条的安装，如图 5-77、图 5-78 所示。

图 5-77　两端的卡扣固定

图 5-78　向下按，被白色卡扣锁定

(7) 安装显卡、声卡、网卡。

① 将显卡的金手指对准 AGP 插槽，并且插入 AGP 插槽中，如图 5-79 所示。

② 用十字螺丝刀将螺丝固定在机箱壳的扩充挡板上。

③ 声卡、网卡的安装方式同显卡。

④ 连接数据线、电源线。

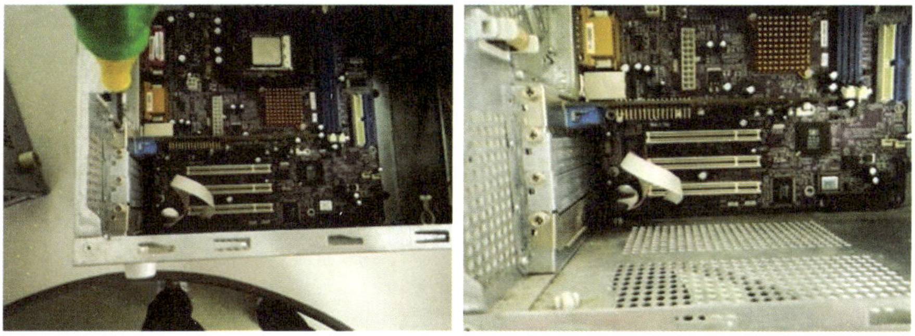

图 5-79　安装显卡

（8）安装机箱盖子，确保自锁槽卡上，并将锁眼与卡槽对准，如图 5-80 所示。

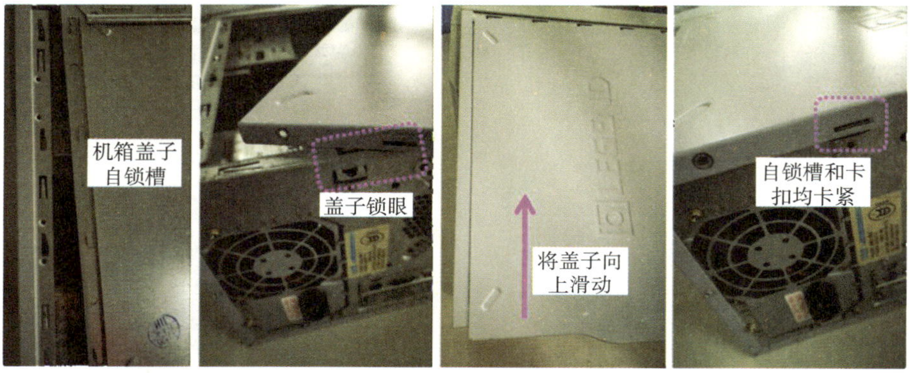


图 5-80　安装机箱盖子

（9）连接显示器、键盘、鼠标。

## 5.4.4　核心与关键点

（1）防止静电。
（2）防止液体进入计算机主机内部。
（3）使用正常的安装方法，不可粗暴安装。

## 5.4.5　评价与感受

### 1. 评价

评价内容见表 5-6 所列，采用三级分制，即优秀、良好、合格。

表 5-6　计算机拆装评价表

| 评价项目 | 自评结果 | 互评结果 | 师评结果 | 改进建议 |
|---|---|---|---|---|
| 计算机系统认知 | | | | |
| 主机内部配件了解 | | | | |

（续表）

| 评价项目 | 自评结果 | 互评结果 | 师评结果 | 改进建议 |
| --- | --- | --- | --- | --- |
| 拆解过程熟悉程度 | | | | |
| 装配主机顺序 | | | | |
| 主机接口了解 | | | | |

2. 感受

完成计算机的拆装后，它的神秘面纱也就褪去了大半，原来无所不能的计算机也有着简单的一面。

通过拆装主机的劳动，了解了计算机主机的内部结构，经历了一次组装台式机主机的全过程。请结合本次组装主机的实践，谈一谈自己的收获与感受。

### 5.4.6　延伸与思考

1. 延伸

CPU 的档次决定了计算机的档次，从 4 位到 8 位、16 位、32 位处理器，最后到 64 位处理器，CPU 自诞生以来一直在飞速发展。

CPU 发展已经有 50 多年的历史，一般将其分成六个阶段。

（1）第一阶段（1971—1973 年），这是 4 位和 8 位低档微处理器时代。

（2）第二阶段（1974—1977 年），这是 8 位中高档微处理器时代，此时指令系统已经比较完善。

（3）第三阶段（1978—1984 年），这是 16 位微处理器时代，相对而言已经比较成熟。

（4）第四阶段（1985—1992 年），这是 32 位微处理器时代，已经可以胜任多任务、多用户的作业。

（5）第五阶段（1993—2005 年），这是奔腾系列微处理器的时代。

（6）第六阶段（2005 年至今），这是酷睿系列微处理器的时代。

为了满足操作系统的上层工作需求，现代处理器进一步引入了诸如并行化、多核化、虚拟化以及远程管理系统等功能，不断推动着上层信息系统向前发展。

2. 思考

CPU 是速度越快越好吗？有哪些因素限制呢？

# 第 6 章 艺术制作

## 6.1 剪纸艺术——剪纸入门

剪纸艺术是中国最古老的民间艺术之一。剪纸是用剪刀将纸剪成各种各样的图案，如窗花、门笺、墙花、顶棚花、灯花等。每逢过节或新婚等喜庆日子，人们便将美丽鲜艳的剪纸贴在家中窗户、墙壁、门和灯笼上，节日的气氛也因此被烘托得更加浓烈。在中国南北方的剪纸艺术中，通过一把剪刀、一张纸，就可以表达生活中的喜怒哀乐。

### 6.1.1 目的与意义

1. 纳福迎祥

民间剪纸之所以能够长久广泛的流传，其纳福迎祥的表现功能是主要原因。地域的封闭和文化的局限，以及自然灾害等的侵扰，激发了人们对美满幸福生活的渴求。人们祈求丰衣足食、人丁兴旺、健康长寿、万事如意等朴素的愿望，便借托剪纸传达出来。

2. 继承和发展中国传统艺术

对于现代人来说，剪纸体现了中华民族最基本的审美观念和情趣，具有鲜明的民族艺术特色，是各种民俗活动的重要组成部分，所以学习剪纸是对中国传统艺术的继承和发扬。

### 6.1.2 准备工作

1. 材料

正方形彩纸 2 张。

2. 工具

剪刀 1 把、胶水、铅笔 1 支。

### 6.1.3 劳动步骤

1. 折长方形

取 1 张正方形彩纸对折，如图 6-1 所示。

图 6－1　对折后呈长方形

### 2. 向上翻折

将图 6－1 对折后的长方形旋转 180°，将朝向自己的一面向上对折。翻转后将另一外向上对折，如图 6－2、图 6－3 所示。

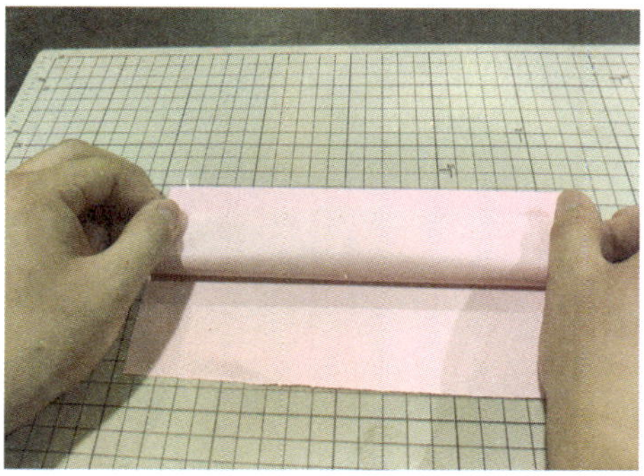

图 6－2　向上翻折（1）

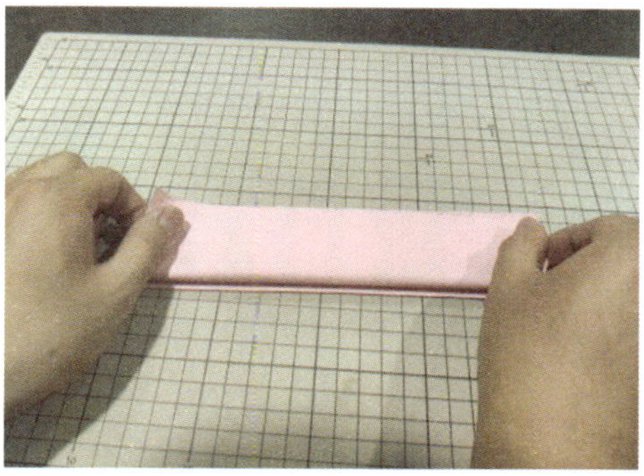

图 6－3　向上翻折（2）

### 3. 向下翻折

将朝向自己的一面向下对折，翻转后将另一面向下对折，如图 6－4、图 6－5 所示。

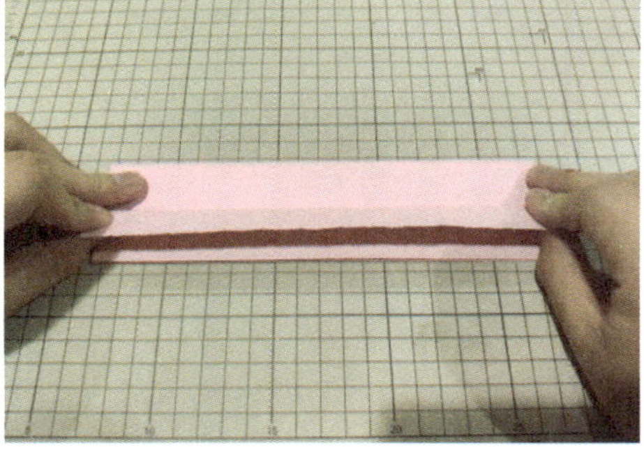

图 6－4　向下翻折（1）

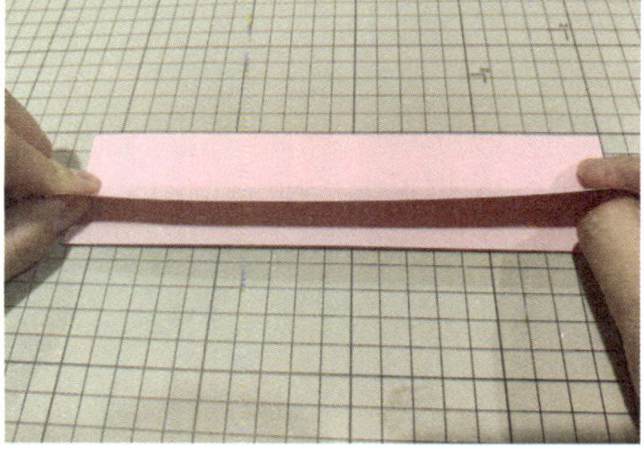

图 6－5　向下翻折（2）

4. 展开

沿中线展开，如图 6－6 所示。

5. 向内对折

将上下两面分别向内对折，如图 6－7、图 6－8 所示。

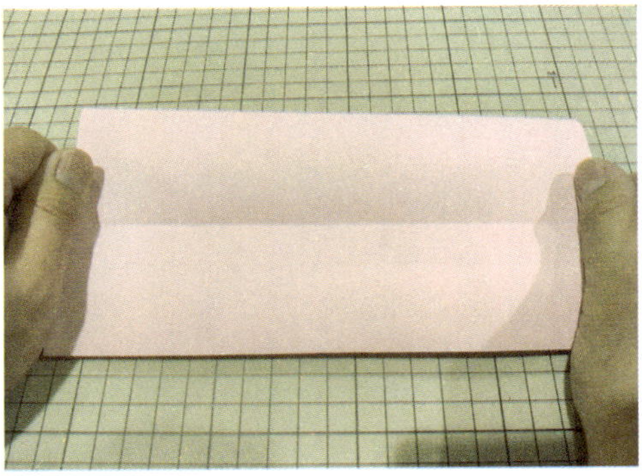

图 6－6　展开

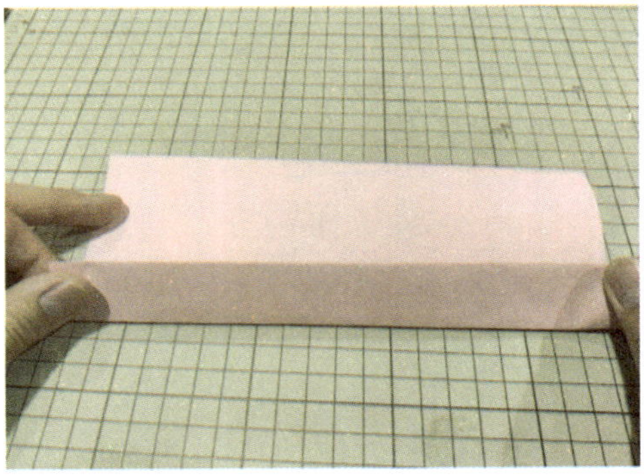

图 6－7　向内对折（1）

6. 折后效果

翻转后沿中心线再对折，如图 6－9 所示。

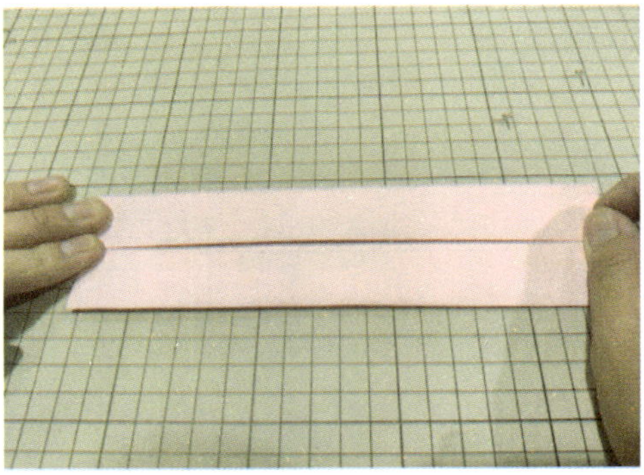

图 6－8　向内对折（2）

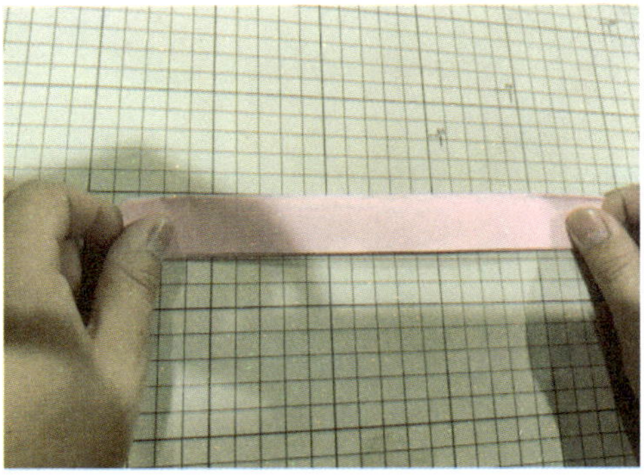

图 6－9　折后图

7. 画图案

用笔在全是折痕的一端画下图案，并用剪刀沿线裁剪，如图 6－10、图 6－11 所示。

8. 剪纸

剪完效果如图 6－12 所示。

9. 对折并画线

将剪后图案沿中线对折，然后用铅笔在另一边描绘与剪好部分相同的图案。如图 6－13、图 6－14 所示。

图 6-10　画图案

图 6-11　剪图案

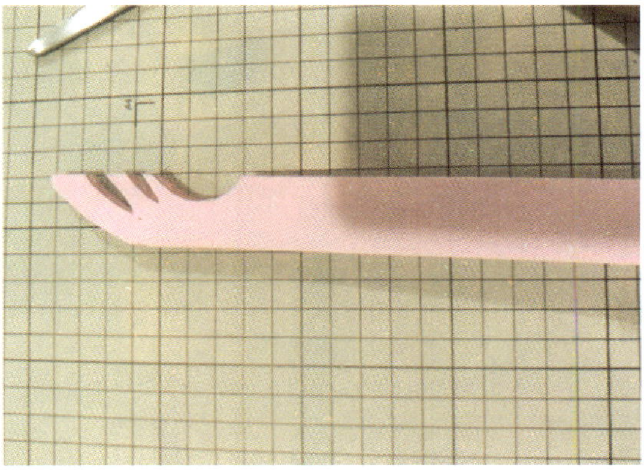
图 6-12　剪纸

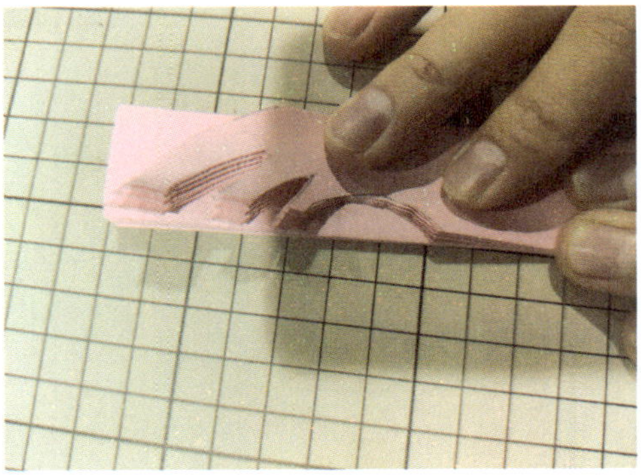
图 6-13　中线对折

图 6-14　画线

10. 再次展开

将画好的图案沿线裁剪后展开，如图 6-15 所示。

11. 制作另一个剪纸

按照同样方法制作另一个剪纸，如图 6-16 所示。

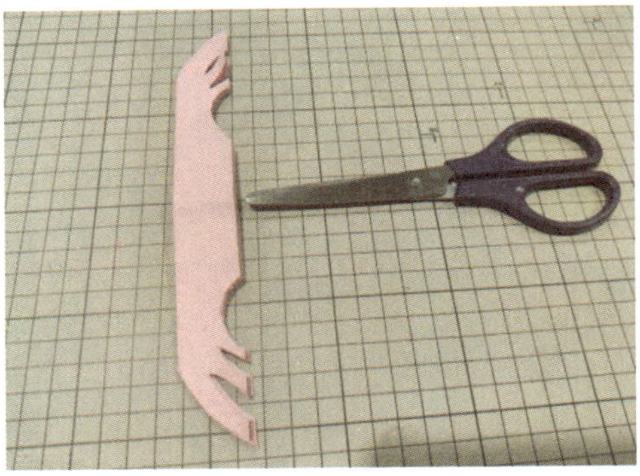

图 6－15　再次展开

图 6－16　制作另一个剪纸

12. 剪中线

用剪刀在其中一个剪纸的中线处剪开一半，在另一个剪纸相反的一边剪开，如图 6－17、图 6－18 所示。

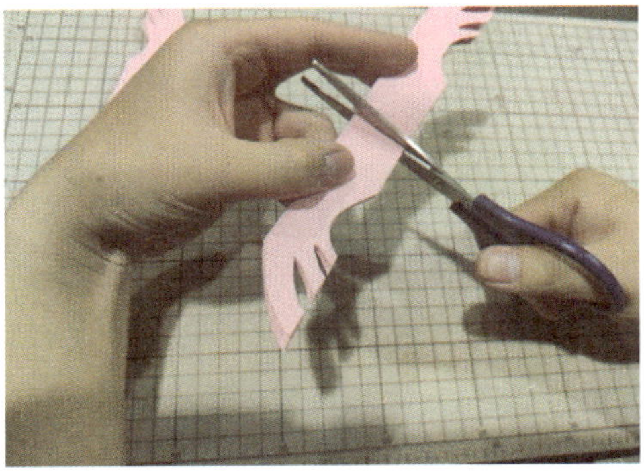

图 6－17　剪中线（1）

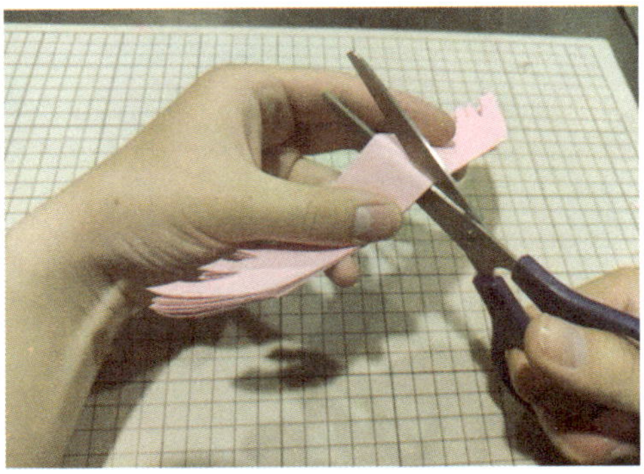

图 6－18　剪中线（2）

13. 拼接样品

将两个剪纸结合在一起，如图 6－19 所示。

图 6－19　拼接样品

### 14. 黏合样品

用胶水把 4 个边缘黏合在一起，如图 6－20 至图 6－23 所示。

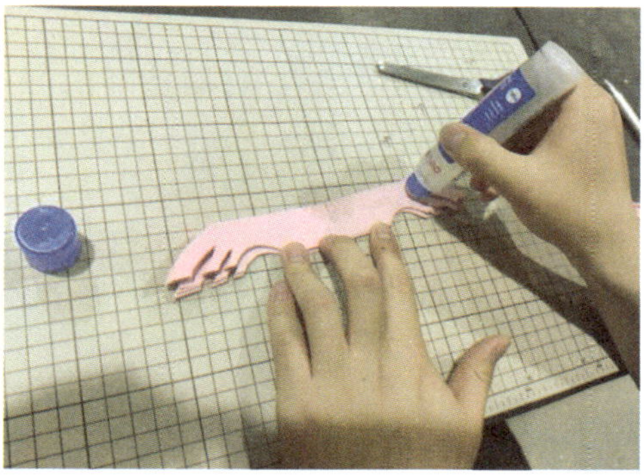

图 6－20　黏合样品（1）

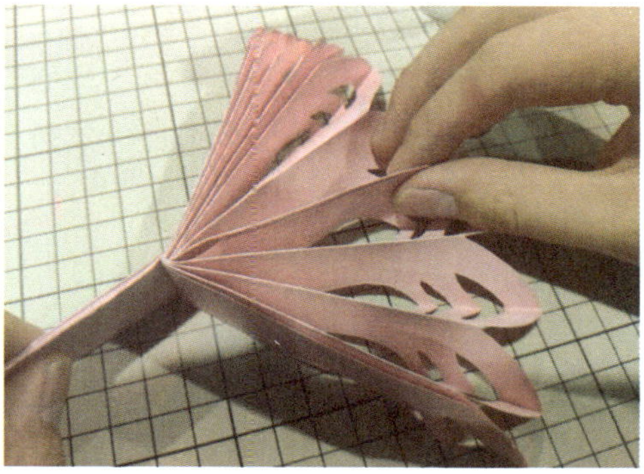

图 6－21　黏合样品（2）

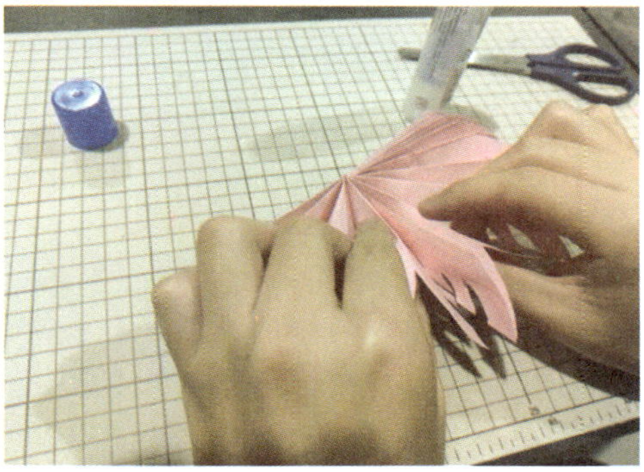

图 6－22　黏合样品（3）

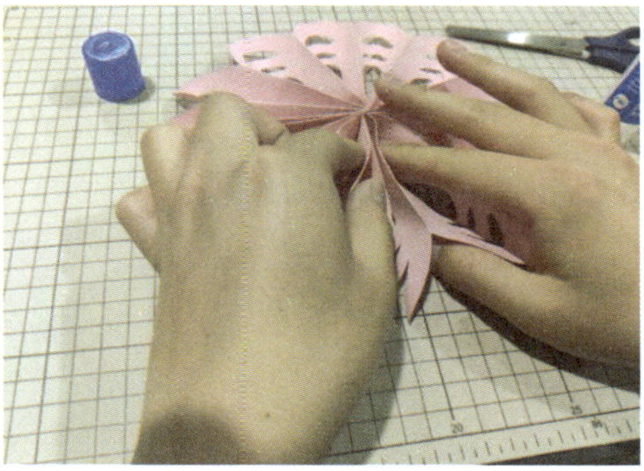

图 6－23　黏合样品（4）

### 13. 修整窗花

修整窗花，成品效果如图 6－24 所示。

图 6－24　立体窗花

### 6.1.4 核心与关键点

（1）用剪刀沿着画好的线裁剪。

（2）胶水涂抹要均匀。

（3）剪的时候要耐心，不要急于求成。如果剪坏的部分不大时，可用挖补的方法补救；如果剪坏的花纹太多，那就必须另画花纹，进行第二次裁剪了。

### 6.1.5 评价与感受

#### 1. 评价

评价内容见表 6－1 所列，采用三级分制，即优秀、良好、合格。

表 6－1 剪纸制作评价表

| 评价项目 | 自评结果 | 互评结果 | 师评结果 | 改进建议 |
| --- | --- | --- | --- | --- |
| 造型美观 | | | | |
| 创意特色 | | | | |
| 制作水平 | | | | |
| 色彩搭配 | | | | |

#### 2. 感受

一片纸就是一片天地，同学们用纯真的心灵、艺术的思维、巧妙的技法，让一片纸变成美丽的空间。拿起剪刀，信手得来，只要坚持练习，就会成功。努力了，就有收获。

### 6.1.6 延伸与思考

#### 1. 延伸

中国是剪纸艺术的故乡，其发源地为中原地区。阜阳剪纸历史悠久，早在南北朝时期就已经出现，并以传统多样的题材、丰满严谨的构图、浓郁的乡土气息而享有盛誉。安徽阜阳很早就有剪纸出现，民间较早地形成了行业性的剪纸艺人队伍，以其艺术商业的雏形状态替代了民众普遍的审美创造。

阜阳剪纸多以吉祥喜庆、五谷丰登、六畜兴旺、年年有鱼（余）等民间题材为主。情趣丰富，装饰味重，兼有南北剪纸的艺术特色，即粗犷之中蕴纤巧，质朴之中见秀丽，刚柔兼备。其作品有单色、填色和染色等，如图 6－25 所示。

图 6－25 阜阳剪纸作品

2006 年，阜阳剪纸被命名为安徽省非物质文化遗产；2008 年，阜阳剪纸被列入中国国家级非物质文化遗产名录。2009 年，阜阳市颍州区又被文化部批准为“中国民间剪纸艺术之乡”。

2. 思考

（1）除了窗花图，同学们还可以剪别的作品吗？
（2）剪纸是一门民间艺术，应该如何去保护和发展这门艺术呢？

# 6.2 雕刻艺术——橡皮章

雕塑艺术是造型艺术的一种，又称雕刻，是雕、刻、塑三种创制方法的总称。手刻橡皮章是使用小型雕刻刀具在专用于刻章的橡皮砖上进行阴刻或阳刻，制作出可反复盖印图案的一种休闲手作形式。因材质关系，手刻橡皮章的雕刻时间比石刻、木刻短很多，也无须复杂的技巧，因此几乎人人可以轻易上手，章的表现内容也极为随意。

## 6.2.1 目的与意义

中国手工艺源远流长，是中华文明的重要组成部分。手刻橡皮章在手工制作领域是一个新兴的工艺，简洁、易作、美观而有情趣，是通俗性、大众性的艺术，广受人们喜爱。橡皮章雕刻衍生自中国传统的版画，具有独特的视觉语言。通过本课程的学习，学生可以了解橡皮章表现形式及其独特的艺术特征，开阔眼界、陶冶情操，逐步提高学生对民间美术的艺术修养和艺术表现才能，示例作品如图6-26所示。

## 6.2.2 准备工作

1. 材料

底稿、橡皮砖、硫酸纸、拨片、印台。

2. 工具

笔刀、裁纸刀、铅笔、可塑橡皮。

## 6.2.3 劳动步骤

1. 材料

根据素材裁取合适尺寸的橡皮砖与硫酸纸，如图6-27所示。

图6-26 橡皮章作品

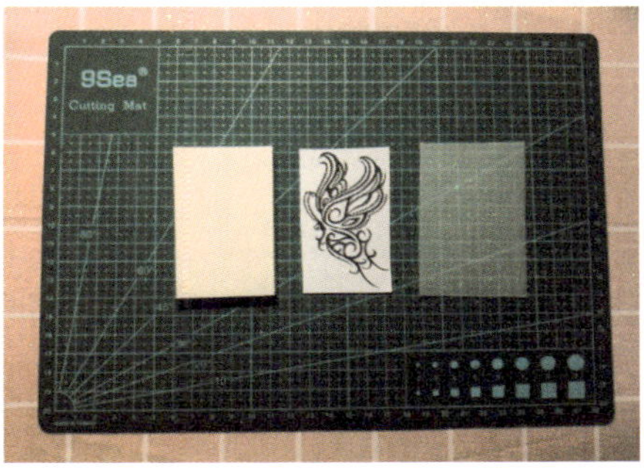

图6-27 取材

2. 描图

点胶固定硫酸纸并开始描图，如图 6－28 所示。

图 6－28　描图

3. 刮线

把描好图案的硫酸纸反扣在橡皮砖上，用拨片沿着线条轻轻刮，使图案印到橡皮砖上，如图 6－29 所示。

图 6－29　刮线

4. 刻线

笔刀沿着印在橡皮砖上的线条向外倾斜 45°角开始刻；然后根据线条之间的间距，不断调整刀尖刻入橡皮砖的深度，一般为 1～5 毫米，如图 6－30 所示。

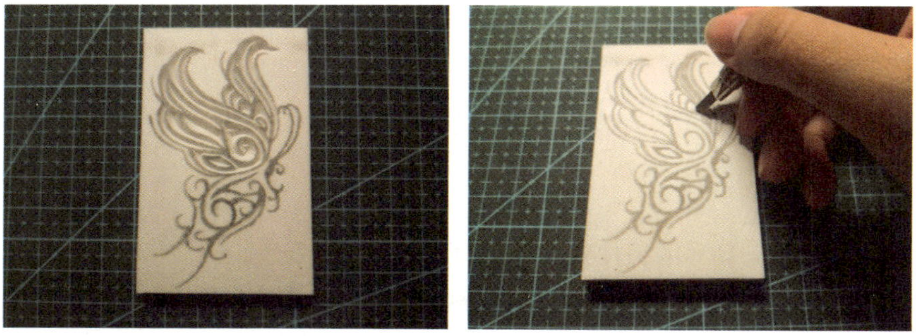

图 6－30　刻线

5. 内留白

将内留白刻成“搓衣板”，先用尺子在需要留白的地方画几道平行线，再沿着平行线和内轮廓刻，笔刀向内倾斜 45°角，如图 6－31 所示。

6. 外留白

刻外留白时先沿轮廓线刻一圈，再用裁纸刀平着切入橡皮砖，把外围的橡皮砖削下一层，如图 6－32 所示。

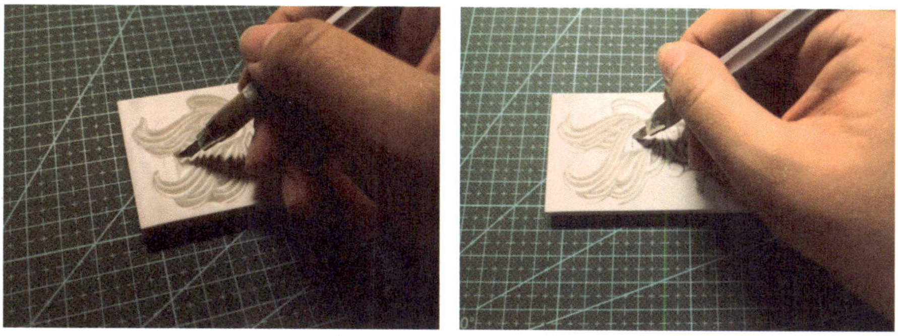

图 6-31　内留白

图 6-32　外留白

7. 黏碎屑

刻完后用可塑橡皮把碎屑黏掉，效果如图 6-33 所示。

8. 印油成图

用印台轻轻拍在橡皮砖上，检查有没有漏刻的地方并做简单调整。调整后，印片完成，成品如图 6-34 所示。

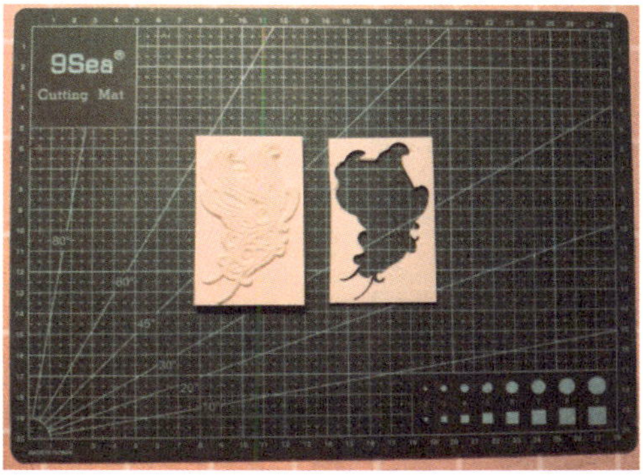


图 6-33　黏碎屑

## 6.2.4　核心与关键

（1）要考虑好实际情况和橡皮砖的承受能力。

（2）雕刻刀要保持一定的倾斜度，以防划破手。

（3）印油时候，要用力、均匀地按压橡皮章。

图 6-34　印油成图

## 6.2.5　评价与感受

### 1. 评价

评价内容见表 6-2 所列，采用三级分制，即优秀、良好、合格。

表 6-2　橡皮章制作评价表

| 评价项目 | 自评结果 | 互评结果 | 师评结果 | 改进建议 |
| --- | --- | --- | --- | --- |
| 造型美观 | | | | |
| 创意特色 | | | | |
| 制作水平 | | | | |
| 色彩搭配 | | | | |

### 2. 感受

一个小巧玲珑的橡皮章就这样制造出来了，相信同学们在动手实践环节中会产生很多心得体会。看看还有哪些地方需要改进，大家可以谈一谈。

## 6.2.6　延伸与思考

### 1. 延伸

制作橡皮章是一种手工劳动，首先需要画出或者找到自己喜欢的图案，把图案转印至橡皮砖上；再使用专用的雕刻刀，按照橡皮砖上的图案细细雕刻；最后制作成能盖印出图案的成品图章。

橡皮章的雕刻方式可以分为阴刻和阳刻。阴刻是指将笔画显示平面物体之下的立体线条刻出，刻字一面的字体或图案被挖空只留字体或图案以外的部分；阳刻是将笔画显示平面物体之上的立体线条刻出，留着字体或图案本身，刻掉剩余的部分。本案例选用的是阳刻，同学们可以尝试下用阴刻的方式雕刻不同的印章。

### 2. 思考

阴刻的橡皮章该如何用刀雕刻呢？

# 6.3　民间艺术——手鞠球

手鞠球就是用手抛玩的一种球类，起源于唐代的蹴鞠，随后传入日本，从而产生了集合刺绣、构图、颜色搭配于一体的精美的民间艺术。

手鞠球在制作方法上，既结合了几何图形之美，又添加了刺绣艺术的精细美。而在制作中，制作者的心意以及祝福也蕴含其中，更为手鞠球增添美妙气息。在这小小的球体上绣制彩色图案，可以是花卉、三角形、正方形、菱形、椭圆形和其他复杂的形状，再按照一定的顺序排列缠绕，形成精美的装饰品。

## 6.3.1　目的与意义

手鞠球可以做成车挂、包挂、钥匙扣以及室内装饰品，医其色彩丰富艳丽、制作方法有趣、工具要求简单，而深受女性喜爱。本节通过介绍手鞠球的制作方法，希望为同学们“打开一扇窗”，让更多的人走近这项非物质文化遗产。

## 6.3.2　准备工作

### 1. 材料

无纺布、铃铛及挂绳等装饰、干花、香料、黑色素线（用来缠绕素球）、金线（用来分球）、绣线，如图 6－35 所示。

图 6－35　手鞠球所需材料和工具

2. 工具

绣针、定位针、剪刀、卷尺、纸条（用来测量定位）、泡沫球（用来确定球的大小，可不用）。

### 6.3.3 制作过程

1. 制作素球

素球制作有两类：一类是填充缠绕成球，从零做起，自己包裹填充物，缠绕成球形；另一类是使用泡沫球，这种制作方式相对简单，可以买到现成的球（直径为 1～20 厘米的都有）。

传统的球芯材料用的是稻壳。一般来说，球芯填充物只要是松软、易成型、易过针的材质均可。8 厘米以下小球推荐用稻壳、薰衣草干花填充；8 厘米以上大球，推荐用 PP 棉、珍珠棉、木棉做外层，内部可选择性填充颗粒物。本次素球制作采用薰衣草干花做球芯，用无纺布包住薰衣草干花，使其变成球形，并在其中加入写了祝福的红色卡纸，如图 6－36 所示。

推荐用无纺布作包裹材料，其够柔软，而且好穿针。把无纺布裁成正方形，将填充物放中间，注意：避免烧卖式的一把抓成一个剂子。无纺布尽量折叠的平坦些，果裹尺寸跟泡沫球差不多即可，如图 6－37 所示。

图 6－36　薰衣草干花及写了祝福的红色卡纸

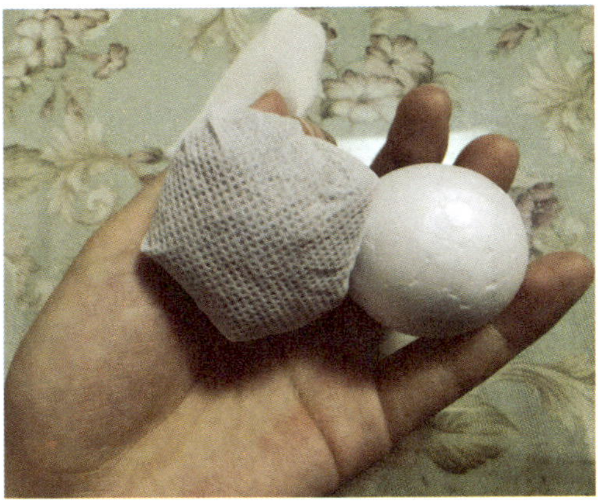

图 6－37　将薰衣草干花及卡纸用无纺布包裹成泡沫球大小

用黑色素线缠绕球芯，开始的时候要松，且各个方向要松得均匀，一边缠绕，一边用手把球捏圆。如果一开始绕得很紧，后期就很难调整形状了，所以一定要先松后紧如图 6－38所示。

大致成型后，开始稍用力，松紧度以手指轻微勒出痕迹为准。绕线一定要沿着球体的直径绕，不然球不圆且素线容易松散。绕线的时候，拿球的手要不断转动，且要兼顾各个方向，球表面的素线，尽量不要太多平行线，这样做出的球又结实又好看。继续用细线绕紧手中的球，并将空白处全部覆盖，便于之后在上面绣出花形。缠好的素球如图 6－39 所示。

注意：素球缠绕到最后收线时，用针将尾部多余素线穿入球内，反复穿几次，最后剪断即可。

图 6-38　缠绕球芯

图 6-39　缠好后的素球

2. 分球

分球是做手鞠球的基础，要想做好手鞠球，必须先学会分球。球分得均匀，做出的球才漂亮。本次制作的手鞠球是十二等分。分球方法：采用带有刻度的纸条沿球的直径绕一圈，同时选取另一条直径，用带刻度的纸条绕一圈，使之与前一条直径相互垂直，取其交点用大头针进行定位；然后沿其中一条直径用针确定十二等分的位置（相当于把该球十二等分），最后用大头针确定南北两极点位置，如图 6-40 所示。

拆掉辅助的纸条，开始用金线等分素球，使用金线过“极点”与“赤道”上的点绕周长，将球分为十二等分，如图 6-41 所示。

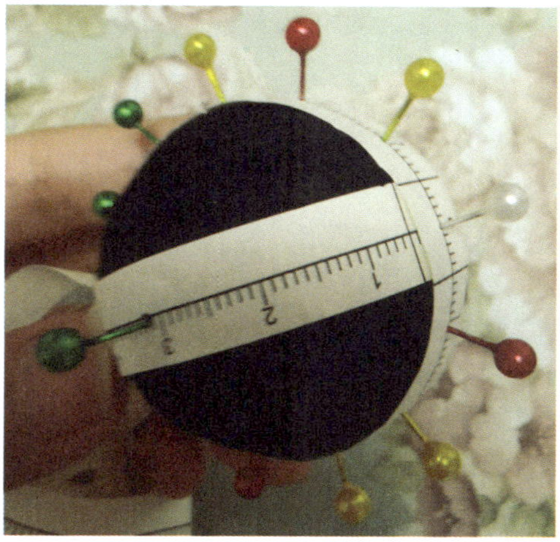
图 6-40　用大头针等分素球

图 6-41　用金线等分素球

用金线沿着十二根针圈出腰线，并去掉大头针，如图 6-42 所示。

用灰蓝色绣线加粗腰线，如图 6-43 所示。

图 6-42　圈出腰线

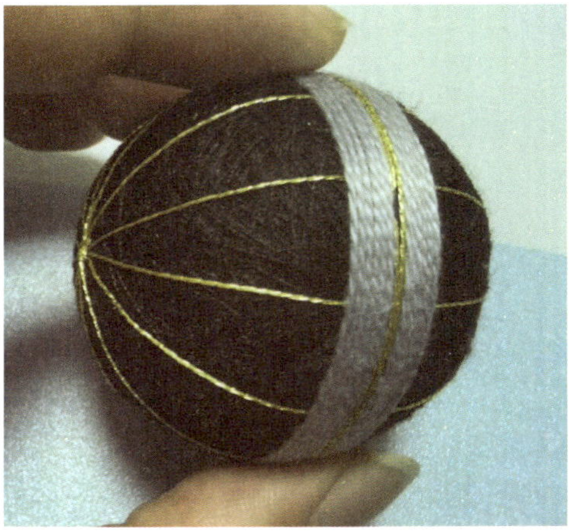

图 6-43　加粗腰线

3. 刺绣

用绣针在“赤道”上绣出金色格子，方法如图 6-44 所示，在蓝色绣线的两端交替进行，这种绣法即美观又可防止金线走线。

图 6-44　绣上金色格子

用深蓝色、浅蓝色、白色的绣线以金线为定位，分别绣出两层，形成花瓣，如图 6-45 所示。

用金线在白色线外绣一层，勾勒出花瓣的边缘线，如图 6-46 所示。

4. 装挂绳和铃铛

最后，将挂绳及铃铛装上，完成手鞠球挂件的制作，成品如图 6-47 所示。

图 6-45　绣出花瓣

图 6-16　勾勒花瓣的边缘线

图 6-17　手鞠球挂件

### 6.3.4　核心与关键点

（1）刚开始缠绕成球时，要不断调整球形，保证其圆润程度，否则会影响后续分球。

（2）将球十二等分时，要注意测量的精确度，以保证分球的准确度，否则影响手鞠球的美观。

（3）分球及绣制花形时，需要不断调整之前的绣线，防止因为绣线歪扭影响下一圈绣制。

（4）由于重复的针法可能会使人注意力不集中，所以在刺下每一针前都需确定是否正确。

### 6.3.5　评价与感受

#### 1. 评价

评价内容见表 6-3 所列，采用三级分制，即优秀、良好、合格。

表 6-3　手鞠球制作评价表

| 评价项目 | 自评结果 | 互评结果 | 师评结果 | 改进建议 |
| --- | --- | --- | --- | --- |
| 素球制作水平 | | | | |
| 分球制作水平 | | | | |
| 刺绣水平 | | | | |
| 手鞠配色 | | | | |
| 成品 | | | | |

2. 感受

第一次制作手鞠球，过程并不容易，有的需耗费数小时，但当最终作品呈现在眼前的时候，会产生巨大的满足感。本次制作球芯为香料或干花，用金线、棉线与绣线结合做装饰，使用卷尺或纸条进行辅助。希望可以将几何的图形美与工艺的精细美结合起来，让观者在视觉上得到享受。在作品上，同学们也可以展现自己的想法，绣出自己喜爱的花纹，一起尝试一下吧。

### 6.3.6 延伸与思考

1. 延伸

手鞠球起源于唐代蹴鞠，象征着美好的祝愿和真诚的友谊。其制作方法是在素球上用五颜六色的刺绣线，制作各种图案或花型的手鞠球。完成后的手鞠球可作为艺术品收藏、礼物赠送或放家中装饰，也可作为手头的小玩具。

手鞠球作为中国传统手工艺术品，尽管曾一度被人遗忘，但如今表面精致、刺绣复杂的它又重新回归我们的视野中，并被越来越多的人所熟知和喜爱。每个作品的完成，都包含着制作者丝丝缕缕的情谊，从缠素球、分球定位、配色、绣制图案，每一步都必须完美精准，最后的成品才会是绽放完美的指尖芳华。

2. 思考

同学们思考一下，学校的艺术教育如何开展才能更好地吸引大家去传承和发展传统艺术文化呢？

## 6.4 玉石工艺——灵璧原石的初加工

所谓灵璧石，又名磬石，产于安徽灵璧县浮磐山，是我国传统的观赏石之一。早在战国时期就已成为贡品。它漆黑如墨，也有灰黑、浅灰、赭绿等色。石质坚硬素雅，色泽美观。“灵璧一石天下奇，声如青铜色碧玉，秀润四时岚岗翠，宝落世间何巍巍”，这是一首宋代人方岩赞美灵璧石的诗。灵璧石之美为古今名人喜爱，至今仍是藏石爱好者搜集的对象。目前故宫、孔庙保留的编磬都是产自灵璧。

灵璧石具有沧桑的纹理和温润的肌肤，最适合观赏盘玩。刚刚采掘出来的原石如果不刷的话，不但脏兮兮的有碍观瞻，而且无法下手与之亲近，所以灵璧原石需要进行初加工。刷洗灵璧石很辛苦，烟雾弥漫，粉尘大，有损肺部健康，而且还有一定的风险，要用力移动石头，加上石头形状不规则，极易发生肢体磕碰受伤或者损坏石头的事。因此，刷洗灵璧石是需要技术的，不能贸然行动。

### 6.4.1 目的与意义

灵璧原石出土时，整个表面、孔洞里、石缝中带有泥土、坚硬的沉淀物、附着物等，如图 6－48 所示。

图 6 - 48　刚刚采掘的灵璧原石

原石初加工是加工美化灵璧石的首要工作，对新出土的原石进行必要的清理，使其恢复原貌，显露精华，可以提高观赏档次，增强观赏效果。如图 6 - 49 所示是经过初步加工的灵璧原石。

图 6 - 49　经过初步加工的灵璧原石

## 6.4.2　准备工作

### 1. 材料

灵璧原石 1 块（根据练习需要，石头宜小不宜大），如图 6 - 50 所示。

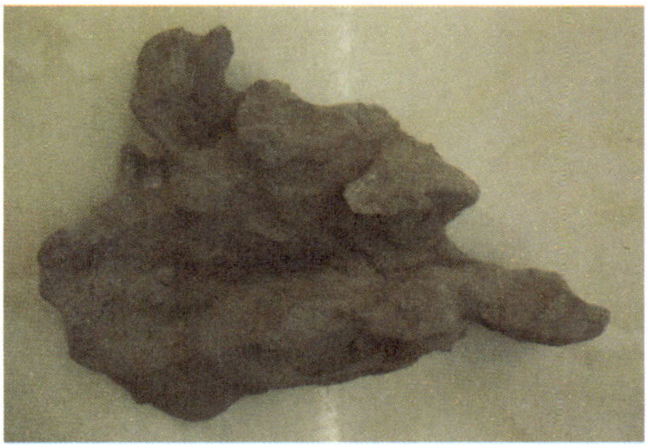

图 6 - 50　灵璧原石

2. 工具

錾子、旋凿、尖嘴锤、钢丝刷、毛刷、钢丝球、电刷、砂纸、地板蜡或水蜡、软布等，如图 6－51 所示。

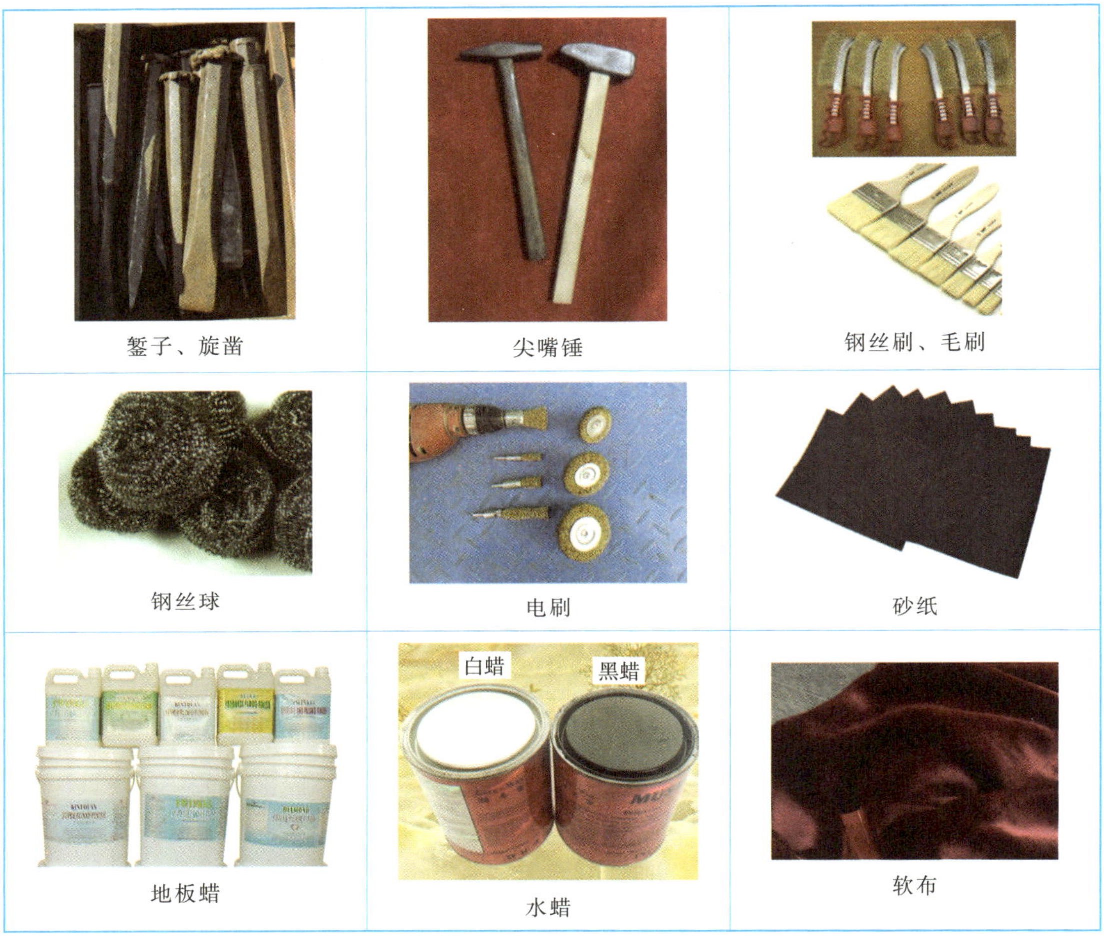


图 6－51　灵璧原石部分清理工具

## 6.4.3　劳动步骤

1. 清污

清除石头表面的附着物。如果需要清理彻底，最好先把整个石头在水中浸泡几个小时，再用水冲洗表面，如图 6－52 所示。

清理时用尖嘴锤、錾子等工具，但要注意用力大小，防止磕碰石头表皮，一旦出现“伤口”，观赏价值就会大打折扣。一般是用尖嘴锤把附着物磕碎，再用錾子或电刷等清除干净。清除的时候，錾子和石头要保持一定的倾斜角，切忌用力过猛，如图 6－53 所示。

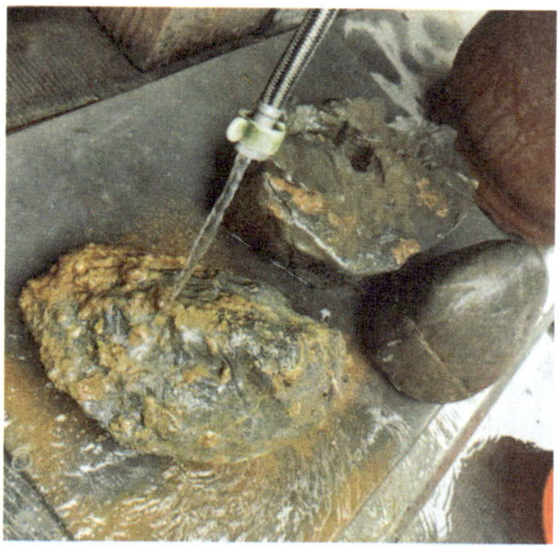

图 6 - 52　用水冲洗表面

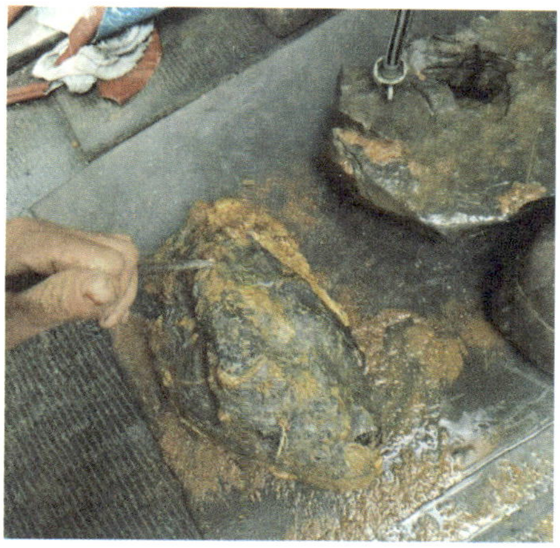

图 6 - 53　以尖嘴锤、錾子、旋凿或毛刷等清理原石表面

2. 刷洗

用钢丝刷进行表面灰尘刷洗。刷洗的正常程序是先用水把石头弄湿，再用电动工具刷去大部分的灰，这时候石头的表面变得非常的光滑。如果因为工具所限没有清理干净，需要借助刷子手工刷洗一遍，然后再用电动工具刷洗，如此反复数遍，不再腾起灰雾即可，如图 6 - 54 所示。刷洗时要注意按照灵璧石的自然纹路进行、用力要均匀，并根据灵璧石的形状以及表面凸凹等具体情况，选用不同的刷头。

图 6 - 54　刷洗原石

刷洗过程中所使用的电动工具有一定的危险性，需要具有一定的操作经验。使用电动工具时不可用力过猛，防止出现人身危险或者破坏石皮。

3. 打磨

用砂纸打磨、清污和刷新后的原石表面，光滑圆润。为了追求更加完美的外表，还要用砂纸把原石表面打磨光润，如图 6－55 所示。

图 6－55　以砂纸打磨原石表面

砂纸的目数越小，砂子的颗粒就越粗。砂纸的使用要从小目数到大目数，这样才能取得良好的镜面效果，依次用 120—240—360—600—800 目的砂纸打磨。打磨时，尤其是刚开始用粗砂纸打磨的时候，要一边打磨一边观察，防止打磨过度。打磨的效果以表面光洁且最大限度保持原始形状为宜。用砂纸打磨可以迅速使石头表面光滑，抚摸起来不硌手、有温润感，还可增加石头的光洁度和平整度，增强美感。

当然，也有一些人认为用砂纸打磨会损伤石头的沧桑韵味，主张不用砂纸打磨。注意：砂纸打磨需要掌握“火候”，以及一定的技术和经验，不可随意而为。

4. 上蜡

将打磨完成后的石头清洗后晾晒，在晒干后表面均匀涂抹地板蜡或者水蜡，如图 6－56 所示。

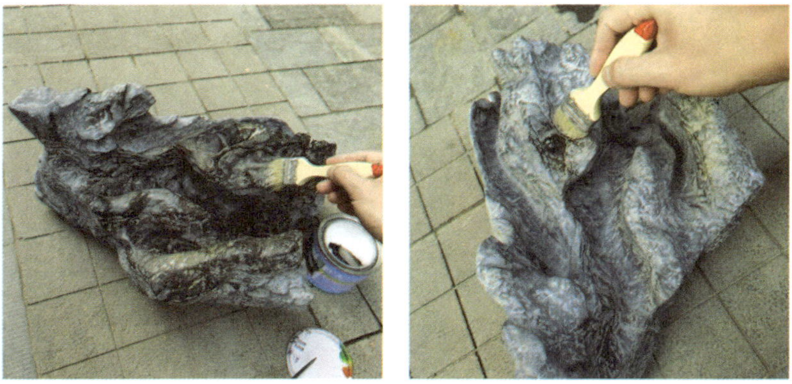

图 6－56　在晾晒后的原石表面均匀涂抹优质蜡

打蜡以后，把石头晾晒、风干，用干棉布或棉纱等软布擦拭提光。以前也有用鞋油或者废机油代替蜡的现象，因为它们含有不利于灵璧石养护的化学物质，逐渐被废弃。也有专家建议无须上蜡，认为用手把玩、温养比较好。当然，时间稍长一点，石头表面也会产生光泽，即“包浆”。

完成初步加工的灵璧原石如图 6－57 所示。

图 6－57　完成初步加工的灵璧原石

### 6.4.4　核心与关键点

（1）刷洗灵璧石前，最好先用清水浸泡半天时间，然后用电动刷洗工具除去表层大部分的附着物。

（2）用尖嘴锤、錾子和电动工具清理表面时，要注意用力大小，防止损伤石头。

（3）打磨时，用小目数到大目数砂纸依次进行，要一边打磨一边观察，防止打磨过度，无法恢复补救。

（4）蜡材最好选品质好一些的，上完蜡以后，先晾晒、风干，再用软布擦拭提光。

### 6.4.5　评价与感受

#### 1. 评价

评价内容见表 6－4 所列，采用三级分制，即优秀、良好、合格。

表 6－4　灵璧石初加工评价表

| 评价项目 | 自评结果 | 互评结果 | 师评结果 | 改进建议 |
| --- | --- | --- | --- | --- |
| 清理情况 | | | | |
| 刷洗程度 | | | | |
| 打磨效果 | | | | |
| 打蜡感受 | | | | |
| 综合评价 | | | | |

2. 感受

大家已经初步加工好了一块灵璧原石，同学们对自己的作品满意吗？在实际操作过程中培养和锻炼了自己的动手能力，看着自己的劳动成果有没有成就感？以后应该怎样改进？

## 6.4.6 延伸与思考

1. 延伸

灵璧石是一种天然的艺术品。灵璧石是掌中山河、案头乾坤，蕴含着无穷的趣味和情感。

灵璧石质地清润、肌理丰硕、纹理沧桑，最适合盘玩，但灵璧石的灰和根容易脱落，弄脏盘玩之人的手，所以灵璧原石需要经过清污——刷洗——打磨——上蜡——配座——命名等程序。

提到灵璧石的清理和美容，自然会说到刷、砂、蜡这几道工序。有的收藏者认为打砂纸和上蜡是对灵璧石的破坏，只处理到刷洗干净这个工序就可以配制底座赏玩了。经常手抚、擦拭，其表皮会变得光润。有些收藏者追求自然古朴，几乎不作任何处理，仅仅用水将其表面附着物冲洗干净。

而随着机械化的快速发展，灵璧原石的初加工也日渐机械化，操作更加方便快捷，但要注意不能破坏灵璧石的表皮纹路，要最大限度地保证其原始性。

2. 思考

你如何看待灵璧原石的刷、砂、蜡等工序？

# 第7章 家庭劳动

## 7.1 给父母做顿饭

在父母的关心呵护下，你们已经从一个牙牙学语的孩童成长为一名青少年，并开始离开父母的庇护。对于目前还在求学阶段的你们，面对处于忙碌中的父母，大家有没有想过应该为父母做点什么呢？父母的养育之恩是一辈子也回报不完的，不能只是停留在嘴上，说一声爸爸妈妈辛苦了，而是应该做一点力所能及的事情，因而倡导大家利用寒暑假回家期间，给忙碌中的父母做顿饭。

### 7.1.1 目的与意义

给父母做饭，一是可以减轻父母的负担，二是可以促进与父母的情感交流，三是可以使自己在做饭中得到锻炼。请大家行动起来，用孝心来回馈父母，以责任来回报家庭吧。

本节仅以青椒土豆丝和红烧鲫鱼的制作过程为例，以供参考。同学们在给父母做这顿饭的时候要求至少包括三菜一汤及主食，并请注意膳食营养的均衡。

### 7.1.2 准备工作

1. 青椒土豆丝备料

(1) 主料：土豆、薄皮椒若干。

(2) 调、配料：葱、姜、蒜适量，食盐适量，醋少许，植物油若干。

2. 红烧鲫鱼备料

(1) 主料：鲫鱼1条，约500克。

(2) 调、配料：葱、姜、蒜、花椒、食盐、酱油、黄酒、蚝油、料酒。

### 7.1.3 制作步骤

1. 青椒土豆丝的制作

(1) 食材采购。

选购大小合适、新鲜的土豆及薄皮椒，葱、姜、蒜若干，如图7-1至图7-3所示。

图 7-1　土豆

图 7-2　薄皮椒

(2) 清洁处理有关食材备用。

图 7-3　葱、姜、蒜

① 将土豆去皮切约 2 毫米宽的丝，如图 7-4所示。刀工不好的同学，可以使用“切丝神器”，这样切丝又快又均匀。准备一盆清水，将切好的土豆丝放入水中浸泡，以免土豆中的多酚类物质使其氧化变色，如图 7-5 所示。

② 将薄皮椒去把、去籽、去筋，切与土豆丝同样粗，如图 7-6 所示。

③ 将蒜、姜拍碎切成碎粒，把葱切成小段。

④ 将切好的土豆丝捞出沥水待用。

⑤ 在锅里放水并烧开，水中加少许色拉油、盐，把切好的土豆丝焯水 10～20 秒，如图 7-7 所示，捞出冲凉水备用。

图 7-4　切土豆丝

图 7-5　浸泡

图 7-6　切青椒丝

图 7-7　焯水

(3) 按步完成菜品炒制、装盘。

① 在锅中倒入植物油，油热后放入葱、姜、蒜，炒出香味。

② 先放入青椒翻炒至半生，再放入土豆丝，锅边淋入少量香醋，稍加翻炒。

③ 加入食盐调味，翻炒均匀后起锅装盘即可，如图 7-8、图 7-9 所示。

图 7-8　烹饪

图 7-9　装盘

### 2. 红烧鲫鱼的制作

(1) 食材采购。

选购新鲜活鲫鱼 1 条，约 500 克，如图 7-10 所示。

(2) 清洁处理有关食材备用。

① 去除鱼鳞。鱼鳞的去除可以用手，也可以用刀背，或者使用专用工具。买鱼的时候，也可以请卖家帮忙把鱼鳞去除干净，如图 7-11 所示。

② 去除鱼鳃。鱼鳃虽然不起眼，但如果不去除会影响口感，所以烹饪前需要用手将鱼鳃全部去除干净，有的厨师为了去腥，还要去除鱼鳃和鱼腔之间像牙齿一样的骨头，如图 7-12 所示。

图 7-10　鲫鱼

图 7-11　去除鱼鳞

③ 去除内脏和黑膜。把鱼肚用刀剖开，去除鱼的内脏和内壁的黑膜，这些黑膜是鱼肉和内脏的一个隔膜，如果想要鱼肉口感好，也要去除黑膜，如图 7-13 所示。

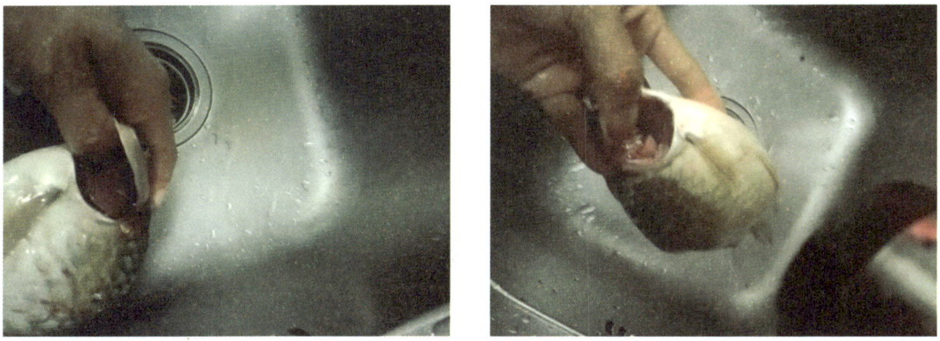

图 7－12　去除鱼鳃

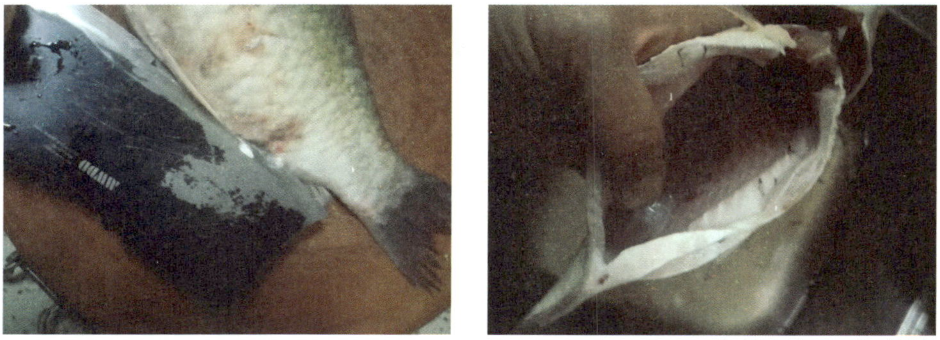

图 7－13　去除内脏和黑膜

④ 把适量植物油倒入锅中加热，烧至七成热，将切好的姜片放入，炸出香味，如图 7－14所示。

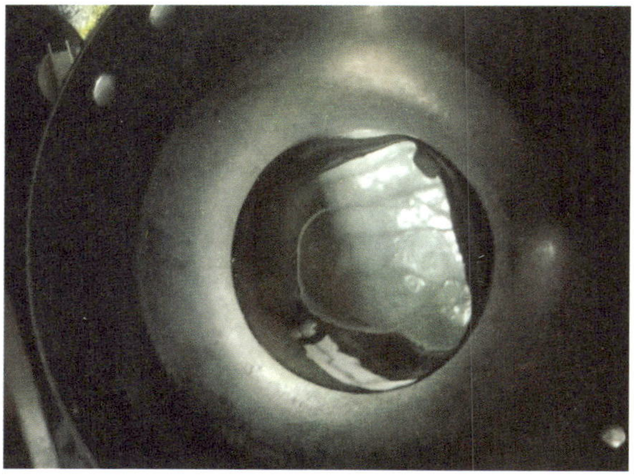

图 7－14　倒入食用油

⑤ 为使鲫鱼更入味可在鱼背双面斜切几刀，把鱼放入锅中，煎至两面金黄，如图 7－15所示。

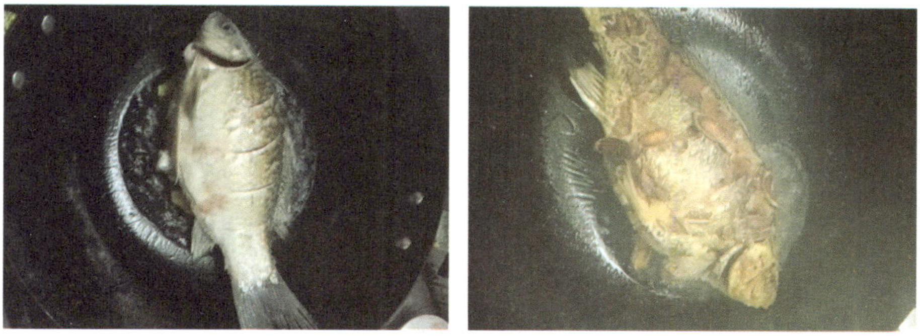

图 7-15　将鱼煎至两面金黄

⑥ 在剩余的油中放入花椒，炸出香味，然后捞出花椒，如图 7-16 所示。

⑦ 沿着锅边小心加入适量的水后，再加入食盐、蚝油和酱油等，如图 7-17 所示。

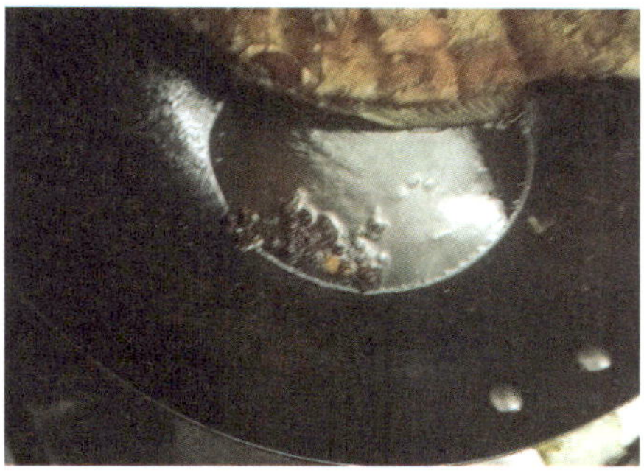

图 7-16　剩油中加入花椒，炸香

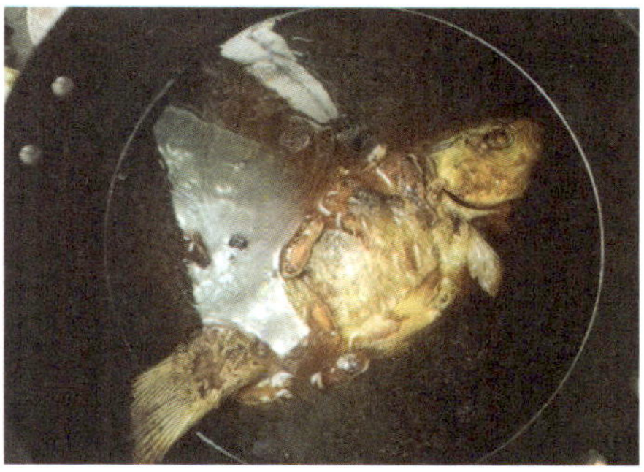

图 7-17　锅中加入适量的水、盐、蚝油和酱油

⑧ 盖上锅盖，大火烧开后，用小火炖 10 分钟，如图 7-18 所示。

图 7-18　大火烧开，小火慢炖

⑨ 把鱼装入盘中，把切好的葱和蒜放在鱼背上。将锅中煮鱼的热汤倒入盘中，一道红烧鲫鱼就做好了，如图 7 - 19 所示。

图 7 - 19　装盘

### 7.1.4　核心与关键点

#### 1. 青椒土豆丝

（1）切好的土豆丝一定要放入清水中，可以洗去表面的淀粉，避免土豆在炒的时候发黑和粘锅。

（2）锅的热度要掌握好，确保“热锅凉油”，这样可以避免粘锅。

（3）掌握好火候。炒的时间过长，会导致土豆有“面面”的口感；反之，炒的时间过短，土豆口感略显“生涩”。

（4）炒土豆丝，醋是必不可少的，它不仅能增加土豆丝的爽脆感，还可以减少食盐的用量。

#### 2. 红烧鲫鱼

（1）选用的鲫鱼不要太大，一定要足够新鲜。

（2）煎鲫鱼时，手拎着鱼尾滑入滚油中，用铲子小心地浇油上去，这样不会破皮。

（3）看到汁稠入味后，即可起锅。将鱼放到盘中，再将汤汁浇到鱼上。

### 7.1.5　评价与感受

#### 1. 评价

评价内容见表 7 - 1 所列，采用三级分制，即优秀、良好、合格。

表 7 - 1　菜品制作评价表

| 评价项目 | 自评结果 | 家评结果 | 改进建议 |
| --- | --- | --- | --- |
| 营养搭配 | | | |
| 菜品的品相 | | | |
| 菜品的口感与味道 | | | |
| 是否独立完成 | | | |

2. 收获与感受

做饭也是一门学问，看似简单，当你真正做起来的时候，就没有那么简单了。会做饭容易，但做到色香味俱佳，还是需要经过一段时间实践和积累的，这也是个人厨艺水平的体现。

通过本次为父母做顿饭的家务劳动，不仅仅使大家得到了劳动锻炼，同时也是大家享受生活、回归家庭的一种方式。通过家庭成员之间的共同劳作，增进了彼此间的感情交流与亲情融合，更有利于家庭的和睦与稳定。请结合本次家务劳动谈谈自己的收获与感受。

### 7.1.6　延伸与思考

1. 延伸

会做饭的好处：

(1) 省钱。这是最重要的，现在在外面吃饭，随便点几个菜都需要 100 多元，但是如果自己做饭的话，一个人 6～8 元就可以解决了。

(2) 干净、卫生。在外面饭店吃饭，菜是否洗净，餐具是否严格消毒，饭店是否调料放得太多，自己做的话这些问题就可以避免，让自己吃得更加健康。

(3) 获得独立生活的能力，让父母放心。

温馨提示：学生时代在家可以有意识地培养自己的厨艺，工作及成家后将大有裨益，在学生宿舍万不可实践噢！

2. 思考

做菜是门大学问，你平时在家经常自己烧菜吗？自己烧菜对身体健康有哪些好处？

## 7.2　饺子的制作

饺子源于古代的角子，原名“娇耳”，又称水饺，是汉族传统面食，距今已有一千八百多年的历史了。饺子多用面皮包馅水煮而成，是中国北方民间的主食和地方小吃，也是深受中国人民喜爱的传统特色食品和年节食品，有一句民谣叫“大寒小寒，吃饺子过年”。

### 7.2.1　目的与意义

包饺子是一项简单易学的厨艺，不仅平时可以用来改善自己的生活，还可以组织同学、朋友聚餐，大家聚在一起共同完成。

饺子的烹调方法有很多种——煮、蒸、烙、煎、炸、烤。本节以羊肉大葱馅饺子的制作及煮水饺的过程为例，以供参考。

### 7.2.2　准备工作

1. 主料

羊肉 500 克、大葱 3 根、面粉适量。

2. 调、配料

鸡蛋1个，食盐适量，生抽、料酒、香油、醋各少许。

3. 工具

刀具2把、切菜板1个、剁肉板1个、面板1个、擀面杖1个、盖帘2个、深口锅1口、笊篱1把、盘子若干。

### 7.2.3 制作步骤

1. 食材采购

选购新鲜羊肉500克、大葱3根，如图7-20、图7-21所示。

图7-20 羊肉

图7-21 大葱

2. 和面

将鸡蛋、食盐少量、温水加入放有面粉的盆中，搅拌均匀后和成面团，然后放一旁醒发待用，如图7-22、图7-23所示。

图7-22 将食材加入盆中

图7-23 和成面团

### 3. 制作饺馅

（1）将羊肉洗净、切小块，加料酒腌制 2 个小时去腥，若用绞肉机搅碎的话，此步骤可省略，如图 7－24 所示。

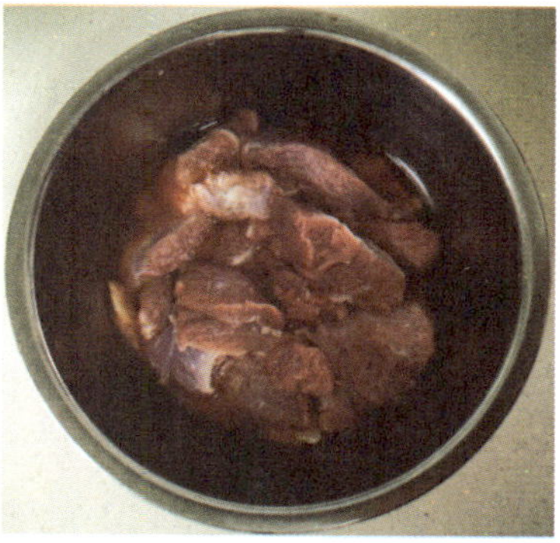

图 7－24　羊肉腌制

（2）腌肉期间，准备饺子皮及配菜。把大葱洗净，留葱白，切碎备用，如图 7－25 所示。

（3）将去腥后的羊肉块切成碎肉后，再剁成肉泥，然后放入碗中，加适量食盐、生抽、料酒、香油各少许搅拌均匀，如图 7－26 所示。

（4）把剁好的羊肉加入适量葱末并搅拌均匀，如图 7－27 所示。

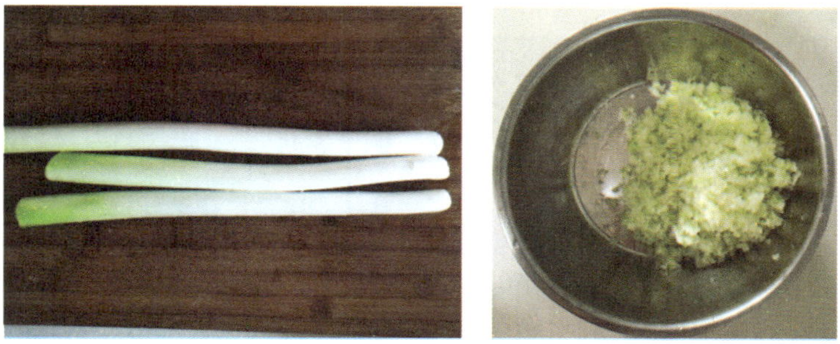

图 7－25　大葱葱白切碎

图 7－26　将羊肉剁碎

图 7－27　加入适量葱末并搅拌均匀

### 4. 制作面皮

（1）将之前准备好的面团切成小剂子，搓成长条状，如图 7 - 28 所示。

图 7 - 28　小剂子搓成长条

（2）一手拿菜刀，一手滚动长条，切成均匀小块，如图 7 - 29 所示。

（3）按压小面团成饼状，如图 7 - 30 所示。

图 7 - 29　切成均匀小块

图 7 - 30　饼状小面团

（4）左手拿面团旋转，右手滚动擀面杖，擀出饺子皮，可以多做一些备用，如图 7 - 31 所示。

图 7 - 31　擀饺子皮动作示范

### 5. 包饺子

（1）左前手掌托住一张饺子皮，右手送入适量饺子馅，左手拇指从下方托起饺子皮，使之成月牙状，如图 7 - 32 所示。

（2）捏褶皱封口，提供两种操作方法，详见图 7 - 33、图 7 - 34 所示。温馨提示：褶皱多虽然好看，但煮出的饺子皮略有发硬，影响口感。

（3）还可以尝试包其他形状和花样的饺子，如图 7 - 35 所示。

图 7－32　送饺子馅

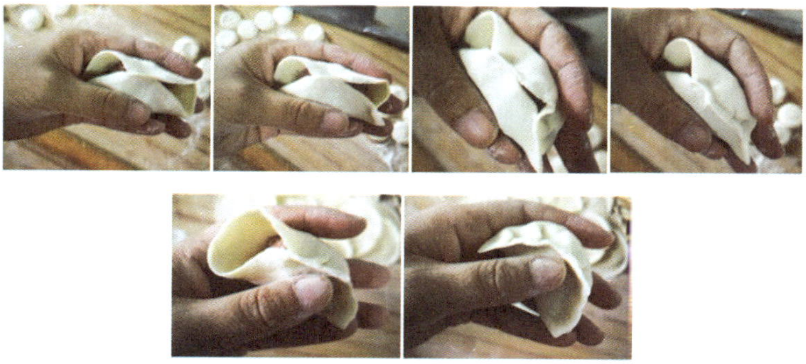

图 7－33　方法一：中间捏住后，从右边起捏褶皱，捏至中间后调整饺皮角度至全部包好

图 7－34　方法二：直接从右侧开始捏褶皱至中间位置，调整饺皮角度至全部包好

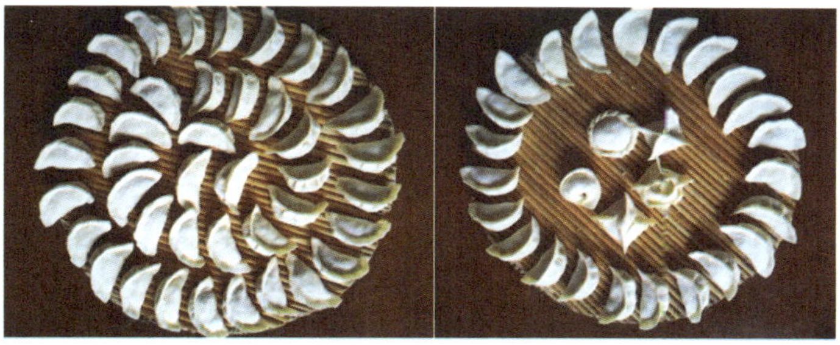

图 7－35　包好的饺子

6. 煮饺子

(1) 锅内加水煮开，并加入一勺食盐(可防止饺子煮破)。

(2) 放入饺子，并用笊篱轻轻搅动，防止饺子粘底。

(3) 煮开后，打开锅盖，加入一大勺凉水，如图 7-36 所示。

(4) 开着锅煮，加入 3～4 次凉水后煮开，饺子就熟了(肉馅饺子比素馅饺子所需时间略长)。

图 7-36　煮饺子

7. 吃饺子

把煮好的饺子盛到盘子里，就可以享用了，再配上香油、醋汁蘸料，会更加美味，如图 7-37、图 7-38 所示。

图 7-37　煮好的饺子

图 7-38　香油、醋汁

## 7.2.4　核心与关键点

(1) 选择一款自己想吃的饺子馅，调制饺子馅非常关键，饺子馅的好坏直接决定了饺子是否好吃。

(2) 饺子皮可以自制或者购买，购买的饺子皮比较厚，会影响口感，包饺子时会出现发干、黏不住的情况，可以放一碟清水，蘸水包。

(3) 饺子馅不可放置过多，过多会把饺子皮撑破，或是黏到饺子皮边缘导致捏不住，煮的时候容易开裂。

(4) 煮饺子时，在开水中加一两勺食盐，可以使饺子耐煮、不容易煮烂。

## 7.2.5　评价与感受

### 1. 评价

评价内容见表 7－2 所列，采用三级分制，即优秀、良好、合格。

表 7－2　饺子制作评价表

| 评价项目 | 自评结果 | 家评结果 | 改进建议 |
| --- | --- | --- | --- |
| 饺子馅鲜香 | | | |
| 擀饺子皮动作娴熟 | | | |
| 饺子制作漂亮完美 | | | |
| 饺子美味多汁 | | | |
| 是否独立完成 | | | |

### 2. 感受

饺子是常见的一种美食，看似简单，但要自己完成制作的全部工作还是需要一定的练习，尤其想要做到色香味俱佳就更需要一定的功夫了。

现今，肉馅可以借助绞肉机，饺子皮也可以直接买到，平时做一顿饺子不是什么难事了。与同学、朋友一起包饺子，不仅仅是一种劳动的锻炼，同时也是体验生活、享受生活的一种方式。通过团队之间共同协作，增进了彼此间的感情交流与融合。请结合本次饺子的制作谈谈自己的收获与感受。

## 7.2.6　延伸与思考

### 1. 延伸

(1) 五彩饺子皮。将面粉中掺入蔬菜汁、蔬菜泥或者水果汁，可以做成五彩饺子皮，又美丽又有营养；加入菠菜汁做成绿色饺子，加入紫薯泥做成紫色饺子，还可以加入南瓜泥、红豆沙等，如图 7－39 所示。

图 7－39　多样饺子皮

如图 7－40 所示，加入火龙果汁和面，把两种面团和在一起擀出两色饺子皮，可以包出更漂亮的饺子。更多创意等着大家去发现哦！

图 7-40　五彩饺子皮

（2）多种多样的饺子馅。饺子的营养价值与馅料息息相关，饺子馅有很多种，下面提供几种常见的饺子馅。

① 三鲜馅：猪肉、虾仁、干香菇、黑木耳。干香菇和黑木耳泡发，去水切丁；虾仁去虾线切大颗粒；猪肉剁成肉泥；将木耳丁、香菇丁、虾仁和猪肉泥放入盆中，加适量酱油、五香粉，然后放入食盐，最后放入香油拌匀。

② 素三鲜馅：鸡蛋、香菇、油菜、胡萝卜、木耳。提前把木耳泡发，香菇清洗干净，胡萝卜削皮、切细丝；胡萝卜丝用油煸炒一下，出锅待用；鸡蛋放少许盐炒熟，切碎；油菜焯水，控干切丁；香菇焯水，攥干切丁；将鸡蛋碎、木耳丁、香菇丁、油菜丁和炒熟的胡萝卜丝放入盆中，加适量植物油，然后放入食盐，最后放入香油拌匀。

③ 猪肉芹菜馅：猪肉、芹菜。猪肉剁成泥，加入香油、葱末、五香粉、老抽、盐，沿一个方向充分搅拌；芹菜洗净，切成小丁，用纱布或直接用手把芹菜里的水分挤出待用；将挤好的芹菜放入肉馅中，沿一个方向充分搅拌，如果过程中太干不好搅拌的话，可以稍微加入一点刚才挤出来的芹菜汁。

④ 韭菜鸡蛋馅：韭菜、鸡蛋、虾皮。韭菜摘干净后用水清洗，控干水分备用；韭菜用刀切碎，越碎越好；鸡蛋搅碎上锅煎，在煎的过程中要用筷子不停地搅拌，成小颗粒状后出锅；将韭菜碎、鸡蛋碎和虾皮一起放入盆中，加食盐、植物油、香油搅拌均匀。

2. 思考

饺子是中国传统美食，除了饺子你还会做其他面食吗？

## 7.3　家用水龙头的拆装

水龙头是我们家居生活中不可缺少的用品，在家中很多地方都能看到水龙头的身影。由于使用频繁，水龙头经常会出现故障或损坏，这个时候就需要对出现故障或损坏的水龙头进行拆卸与更换。本节就以厨房水槽龙头的更换为例，来看一看水槽龙头是怎么卸下来的？又是如何安装上去的？

### 7.3.1　目的与意义

水龙头的拆卸与安装，一直是厨房、卫生间值得关注的话题，因为使用频繁或者其他一些原因，出现故障都是难免的，因而掌握水龙头拆卸和安装是保障我们正常用水的必要技能。

学会拆卸与安装水龙头不但可以节约时间、节省成本，还可以增强动手能力、培养劳动观念、提升自己处理日常家庭用品小修小补的能力。

## 7.3.2　准备工作

### 1. 家中常用的水龙头

水龙头的更新换代速度非常快，从老式铸铁工艺发展到电镀旋钮式，又发展到不锈钢单温单控水龙头、不锈钢双温双控水龙头、厨房半自动水龙头等，如图 7－41 所示。

a.普通铸铁镀锌水龙头

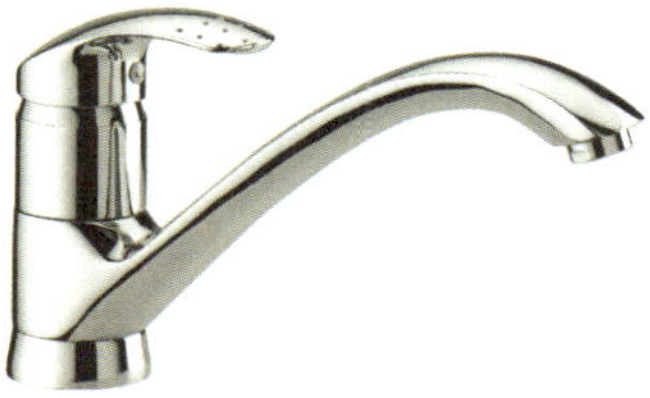

b.洗手盆用水龙头

c.洗菜池用水龙头

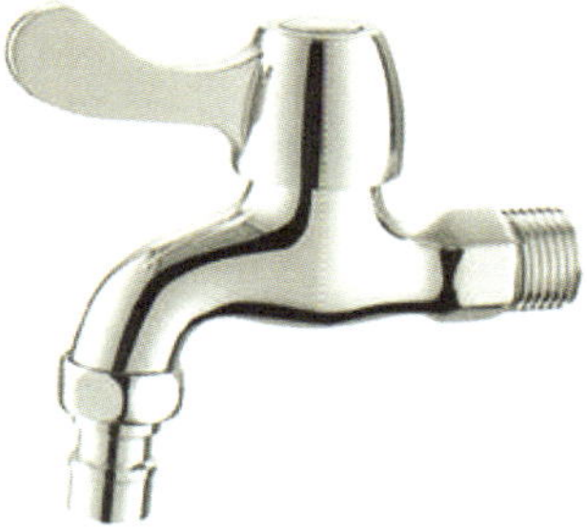

d.洗衣机用水龙头

图 7－41　各种水龙头

### 2. 工具及材料的准备

活动扳手及尖嘴钳，新的水龙头（包括两个塑料垫片、一个连接件及螺母）及冷热水软管，如图 7－42 所示。

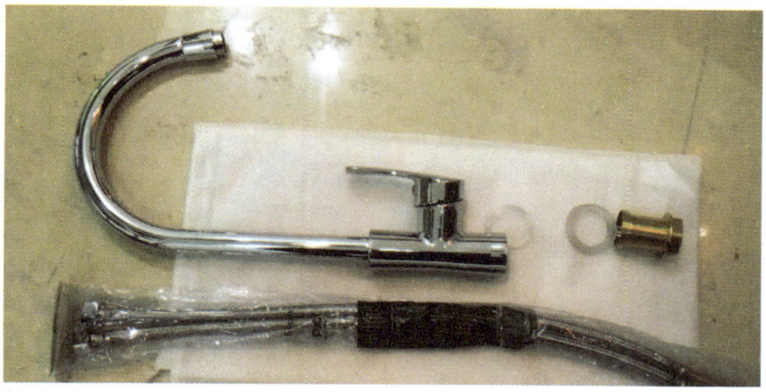

图 7－42　水龙头及冷热水软管

### 7.3.3 劳动步骤

厨房是每个家庭中极其重要的一部分，而水龙头又是厨房中不可或缺的用品之一，如今大部分家庭厨房里的都是冷热水龙头。下面就以家庭洗菜水槽冷热水龙头的拆装为例，来说明其更换的一般步骤。

（1）关闭水槽台面下的冷热水三角阀，如图 7 - 43 所示。

（2）用活动扳手松开冷热水进水管与软管之间的连接，使之分离，如图 7 - 44 所示。

图 7 - 43　关闭三角阀

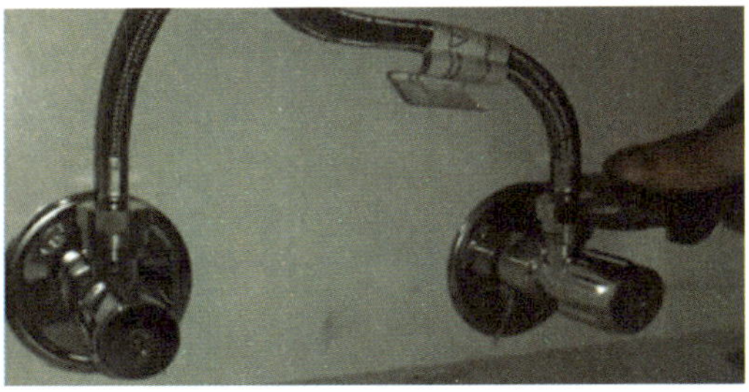

图 7 - 44　松开软管与进水管的连接

（3）用手拧开位于水槽下面紧固水龙头的螺母，并使之脱离连接件，进而分离水龙头和水槽，如图 7 - 45 所示。

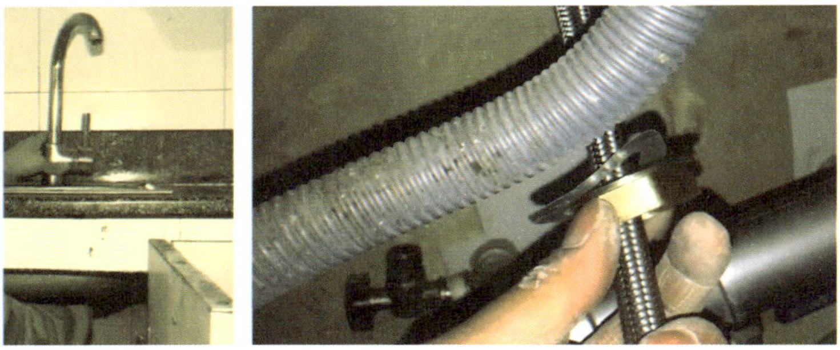

图 7 - 45　分离水龙头和水槽

（4）将分离开的水龙头及其上面的软管一起从水槽孔中取出，完成旧水龙头的拆卸，如图 7 - 46 所示。

图 7 - 46　取出水龙头及软管

（5）取出新的冷热水软管并套入螺母和一个垫片，如图 7－47、图 7－48 所示。

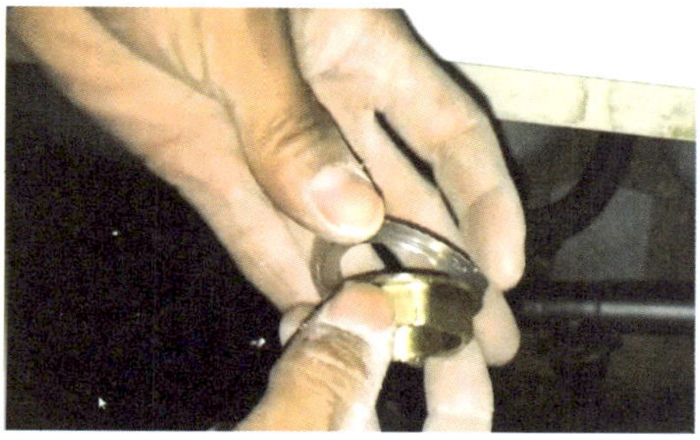

图 7－47　螺母和垫片

图 7－48　套入螺母和垫片

（6）将软管从水槽孔的下部穿出，并把连接件和另一个垫片套在软管上，如图 7－49 所示。

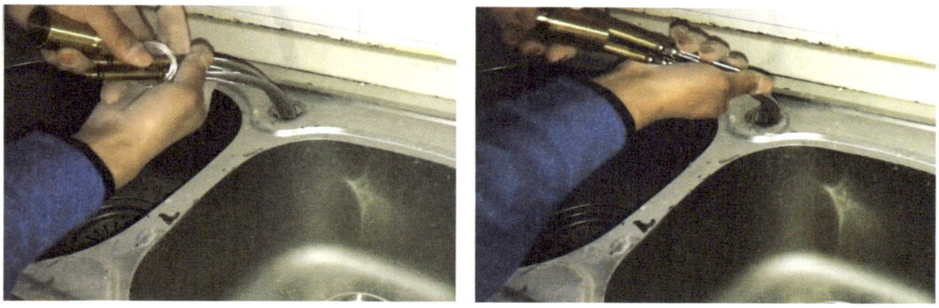

图 7－49　穿出软管并套入连接件及垫片

（7）将冷热水软管的一端用手拧入水龙头对应的螺纹孔中，然后用尖嘴钳适当拧紧即可，如图 7－50 所示。

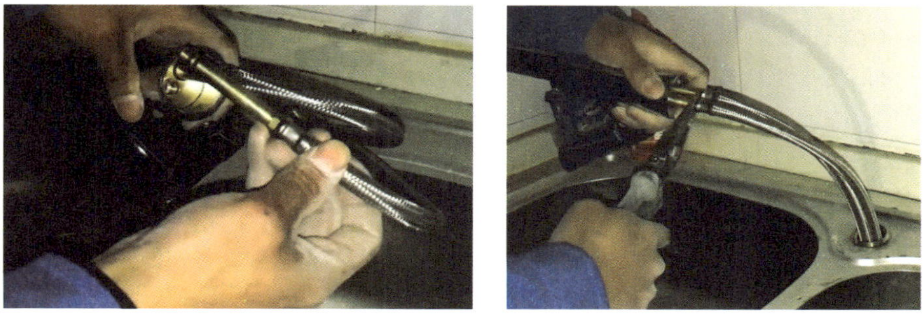

图 7－50　拧入冷热水软管并用尖嘴钳拧紧软管

（8）将连接件拧入水龙头的螺纹孔中，随后拧紧并套上垫片，如图 7－51 所示。

（9）将处理好的水龙头放入水槽上面的孔里，如图 7－52 所示。

（10）将第 5 步中套在软管上的垫片套在连接件和水槽的结合部，然后拧上螺母，用手拧紧，必要时用活动扳手再次拧紧，如图 7－53 所示。

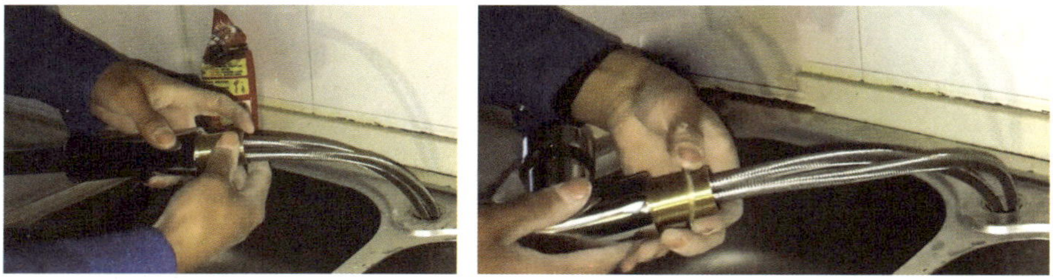

图 7-51　连接件拧入水龙头

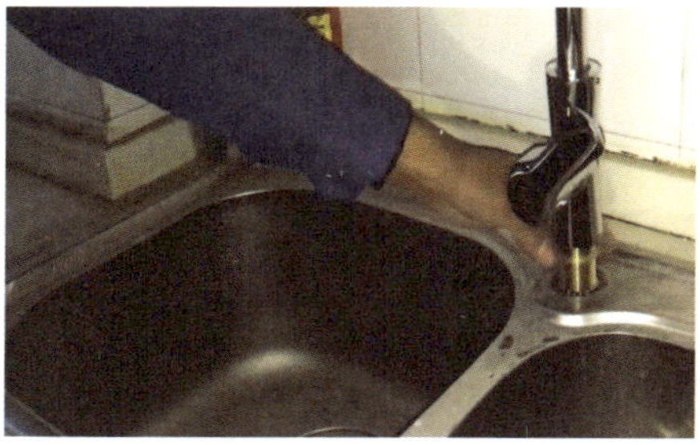

图 7-52　放入水槽上面的孔

图 7-53　拧上螺母

（11）分别将冷热水软管的另一端接头拧到冷热水进水管的三角阀上，并用活动扳手拧紧。注意：软管接头中的密封垫不要漏装，否则会漏水，如图 7-54 所示。

（12）打开台面下的冷热水进水三角阀，然后观察各连接部位有无渗漏。如有渗漏，则对渗漏部位进行重新检查，主要检查结合部位是否拧紧等；如无渗漏，则更换完成，如图 7-55 所示。

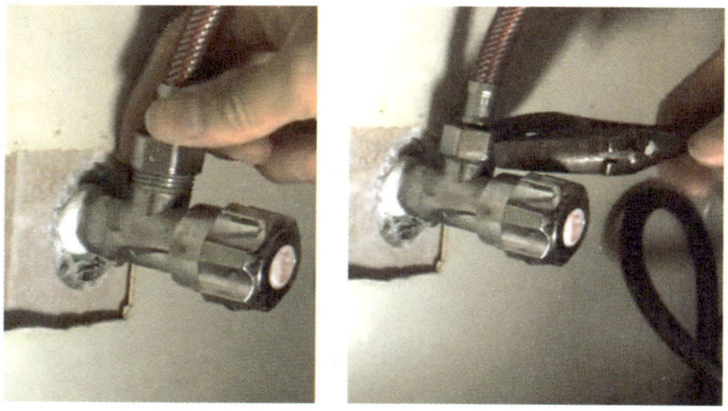

图 7-54　连接进水管并用扳手拧紧

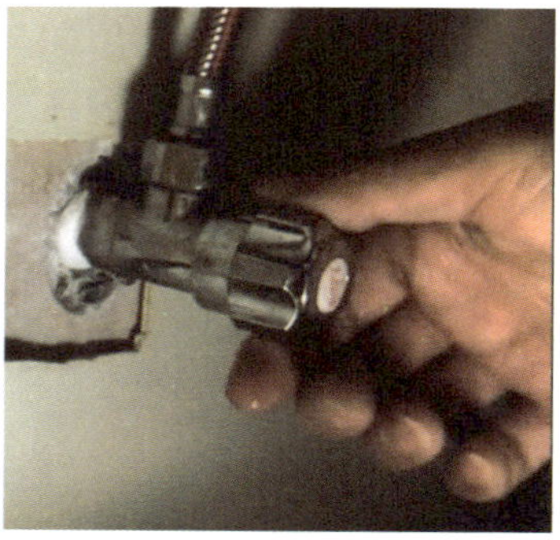

图 7-55　打开三角阀

## 7.3.4　核心与关键点

（1）软管与水龙头以及软管与三角阀的螺纹连接，要拧紧，但也不可用力太大，以免损坏连接件。

（2）软管连接头里的塑料软垫片，起密封的作用，装的时候不要漏装，否则容易密封不严而导致渗水。

（3）注意冷热水软管与冷热水进水管的连接位置。一般习惯把热水软管装在水龙头的左边孔，冷水软管装在龙头的右边孔。这样当龙头手柄往左开的时候出的是热水，龙头手柄往右开的时候出的是冷水，符合日常的用水习惯。

（4）对于一些有明确冷热水标识的软管，一定要将热水软管接在热水进水管的三角阀上，切不可随意去接，以免影响软管的使用寿命。

## 7.3.5　评价与感受

### 1. 评价

评价内容见表 7－3 所列，采用三级分制，即优秀、良好、合格。

表 7－3　水龙头拆卸安装评价表

| 评价项目 | 自评结果 | 互评结果 | 改进建议 |
|---|---|---|---|
| 水龙头拆卸 | | | |
| 冷热水管连接 | | | |
| 卫生的清洁 | | | |
| 水龙头安装 | | | |
| 安装后的使用效果 | | | |

### 2. 感受

通过参与本项目的劳动，我们了解了厨房水槽水龙头拆装所用到的工具及其一般步骤。同学们可以以这次劳动为基础，尝试去维修其他类型的水龙头或家庭用品用具。做到举一反三，便是此次劳动的根本目的。大家一定要动起手来，好好实践这次的家庭劳动，并请结合本次劳动实践，谈一谈自己的收获与感受。

## 7.3.6　延伸与思考

### 1. 延伸

随着时代的发展，为了更加方便大众使用，水龙头的种类以及功能也越来越多。下面就来了解一些新式的水龙头。

（1）抽拉式水龙头。抽拉式水龙头是目前最被大家接受的一个新设计，但凡是新装修的家庭，大多都会采用这一设计。比如卫生间洗脸盆，装一个带花洒的抽拉式水龙头，洗头会更加方便，如图 7－56 所示。厨房安装抽拉式水龙头，可以手持水龙头冲盘子、冲碗、冲水槽，方便清洁。

（2）摇臂式水龙头。摇臂式水龙头可以用在厨房灶台上方，用于直接给锅里添水；这种设计更适合有儿童的家庭，可以装在卫生间洗手台，在洗手时将摇臂拉过来，直接洗手，如图 7－57 所示。

图 7－56　抽拉式水龙头

图 7－57　摇臂式水龙头

（3）即热式水龙头。很多老房子，并没有考虑卫生间以外的热水问题，安装即热式水龙头可以实现其他区域的热水供应，如图 7－58 所示。

图 7－58　即热式水龙头

2. 思考

思考一下家里水龙头关上后还漏水是什么原因？

## 7.4　汽车轮胎的更换

随着我国全面步入小康社会，汽车飞驶进入寻常百姓家，成为家庭日常生活中不可或缺的交通工具。许多高科技成果也逐渐运用到汽车上，汽车的安全性和舒适度等性能都有了很大提高。

### 7.4.1　目的和意义

无论汽车多么先进，最终还是要靠轮胎将动力传递到地面上才能让汽车在道路上飞驰。作为汽车上唯一接触地面的部分，轮胎的工作环境可谓非常恶劣。行驶中轮胎不仅会出现磨损，甚至会出现漏气、爆胎等问题危害驾驶安全，因此，驾驶员在每一次驾乘出行前都应养成检查轮胎胎压、磨损情况等好习惯。在检查或旅行中出现轮胎故障时，怎么办呢？一是打救援电话，二是亲力亲为更换轮胎。如果大家能熟练掌握更换汽车轮胎的技能，不仅能应对旅行中轮胎损坏等突发情况，节省时间和经济成本，而且还能增强动手能力。那如何更换轮胎呢？本节将详细介绍具体的换胎步骤及方法。

### 7.4.2　准备工作

（1）牢记道路交通安全，设置安全警示标志。在常规道路上，发生故障或者发生交通事故时，将三角警示牌设置在车后 50～100 米处；在高速公路上，则扩大至 150 米；遇上雨雾天气，这个距离要增加至 200 米，如图 7－59 所示。夜晚需打开示廓灯和双跳灯。

图 7－59　更换轮胎前，设置警示标志

（2）准备好千斤顶、扳手等换胎工具，如图 7－60 所示。
（3）取出备胎，如图 7－61 所示。出于安全考虑，车升起来之前先把备胎塞到车底。

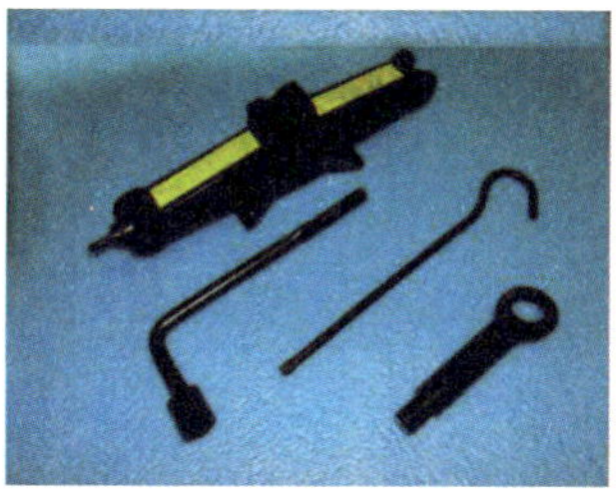

图 7－60　拆卸工具

图 7－61　备胎

### 7.4.3　劳动步骤

#### 1. 拧松车轮螺丝

在千斤顶抬起车身之前，先拧松车轮螺丝（顺时针拧紧，逆时针拧松）。由于螺丝拧得较紧，有时靠手臂的力量恐怕很难拧动，有的人喜欢用脚踹，这样有可能让扳手脱扣飞出去，非常不安全。小窍门：站在扳手上轻跳两下，靠身体重量拧动螺丝，如图 7－62 所示。

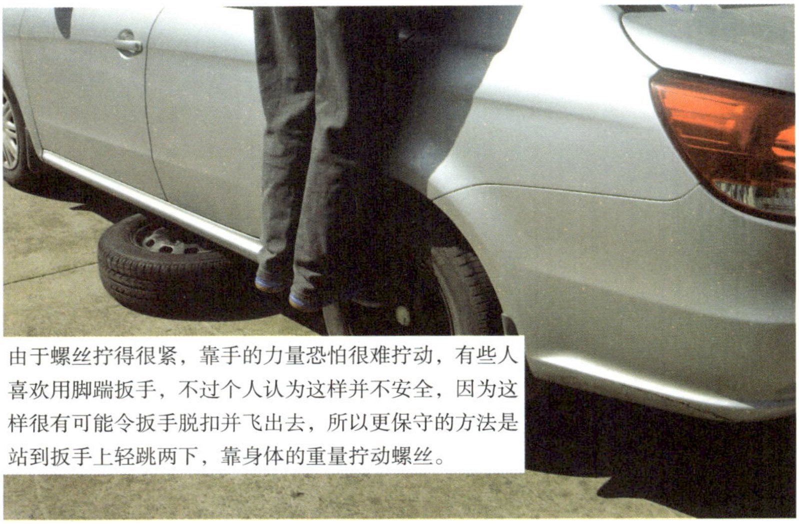


图 7－62　拧松车轮螺丝

### 2. 找准支撑位置

俯身检查车底，找到放置千斤顶的卡槽，使千斤顶对准车身上沟槽，保证稳固。看着一吨多重的汽车慢慢在自己的手里升起来确实很有成就感，如图 7－63 所示。注意：车轮稍微离地就可以了，不可过高，以防装轮胎的时候费力。

图 7－63　找支撑位置拧松车轮螺丝

### 3. 卸下旧胎，换上备胎

轻松卸下旧胎，把备胎拿出来的同时将旧车轮放到车底，安装备胎是整个换胎过程中最难的一步。如果两人协作，安装轮胎就相对容易；如果是一个人，最好采用图 7－64 所示的姿势，用双脚顶住轮胎，以方便安装。

图 7－64　换上备胎

4. 拧紧螺丝

装备胎时要注意：不要一口气把一个螺丝拧紧，而是要按照对角线的顺序轮流拧紧，如图 7－65 所示。一般分为三步：第一步只要将螺丝拧到底就可以了；第二步将螺丝稍微拧紧，移走千斤顶；第三步将螺丝全部拧紧。

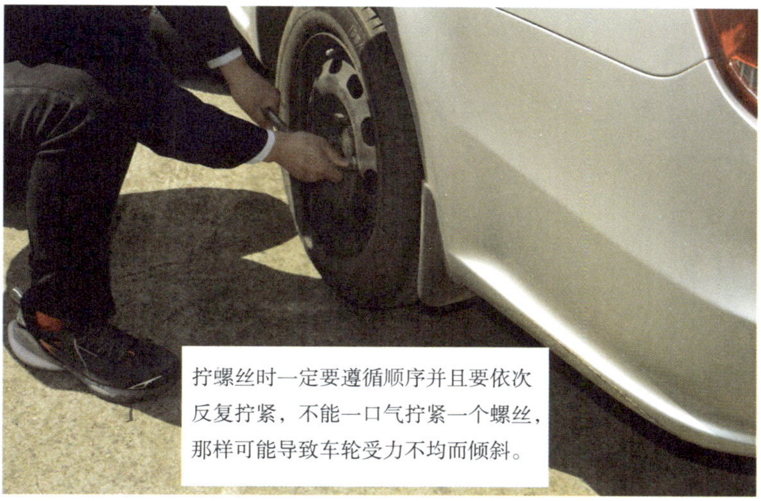


图 7－65　拧紧螺钉

5. 收拾工具

收拾工具，包括拿回三角牌，移开石块，把拆下的轮胎放到行李箱中备用胎的位置。如果轮毂螺母是防盗的，一定要收好防盗螺母头套。

## 7.4.4　核心与关键点

（1）在千斤顶抬起车身之前，要先按对角线顺序拧松车轮螺丝。

(2) 千斤顶要顶在合适的位置，确保不对车身造成损坏，可以顺利升降。
(3) 把备胎和车轴对齐是顺利安装的基本条件。
(4) 拧紧螺丝要按对角线顺序，并确保受力均匀。

## 7.4.5 评价与感受

### 1. 评价

评价内容见表 7-4 所列，采用三级分制，即优秀、良好、合格。

表 7-4 更换汽车备胎评价表

| 评价项目 | 自评结果 | 互评结果 | 师评结果 | 改进建议 |
|---|---|---|---|---|
| 日常轮胎和备用胎保养 | | | | |
| 此次更换备胎需用的时间 | | | | |
| 作业过程的安全事项 | | | | |
| 作业过程中的难点 | | | | |
| 更换备胎的幸福指数 | | | | |

### 2. 感受

更换备用轮胎，整个过程并不复杂，但对于没有经历过的人来说，还是有难度的。自己动手更换完备用轮胎是不是有小小的成就感呢？大家一起来交流一下吧！

## 7.4.6 延伸与思考

### 1. 延伸

汽车自诞生以来，不仅对安全性、舒适性的要求越来越多，而且对节能环保方面的要求也越来越高。大家知道现今汽车发展的方向是什么吗？

### 2. 思考

对汽车感兴趣的同学，还可以思考以下问题。
(1) 什么时候需要更换轮胎？
(2) 松紧螺丝时为什么要采用对角线的方式逐步松紧？
(3) 备胎行驶的速度不要超过 80 千米/小时，对吗？
(4) 刹车的原理是什么？

# 第8章 农业劳动

## 8.1 自制滴灌装置

滴灌是按照作物需水要求，通过管道系统与安装在毛管上的灌水器，将作物需要的水分和养分一滴一滴、均匀而又缓慢地滴入作物根区土壤的灌水方法。滴灌不破坏土壤结构，土壤内部水、肥、气、热可以保持适宜于作物生长的良好状况，蒸发损失小，不产生地面径流，几乎没有深层渗漏，是一种节约用水的灌水方式。

### 8.1.1 目的与意义

淡水是人类生存发展必不可少的自然资源，总量有限且在空间和时间上分布不均。近几十年全球用水量的增长速度是人口增长速度的3倍，如何节约用水已成为全球多数国家共同面临的难题。

中国水资源分布不均衡，人均水资源量仅为世界人均水平的1/4，按照国际公认的标准，我国已进入中度缺水行列。根据水利部统计，近几年我国农业每年灌溉用水量约3700亿立方米，占全国总用水量的67%左右。同时，地下水位下降，土地沙漠化、盐碱化，水质污染等环境问题伴随发生，而人口却在不断增长。到2050年，我国粮食产量要比现在增加1400亿公斤以上，用水量将进一步加大。水资源缺乏严重制约了我国农业的发展，面对日益加深的水资源危机，农业节水灌溉已是大势所趋。

### 8.1.2 准备工作

材料：雨滴控制器、开关电源、皮管、电动阀门、水箱。

### 8.1.3 劳动步骤

1. 利用湿度传感器制作雨滴控制器

雨滴传感器是一种传感装置，主要用于检测是否下雨及雨量的大小，使用它可以控制阀门开启与关闭，如图8－1所示。

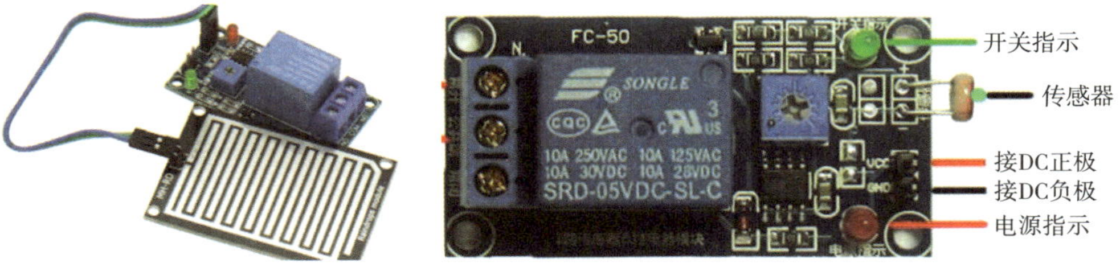


图 8-1　雨滴控制器

2. 用雨滴控制器控制电动阀门

通过雨滴控制器控制继电器的吸合、断开，继而控制电动阀门的开启和关闭，实现滴灌的智能控制，如图 8-2 所示。雨滴控制器与继电器的连接如图 8-3 所示。

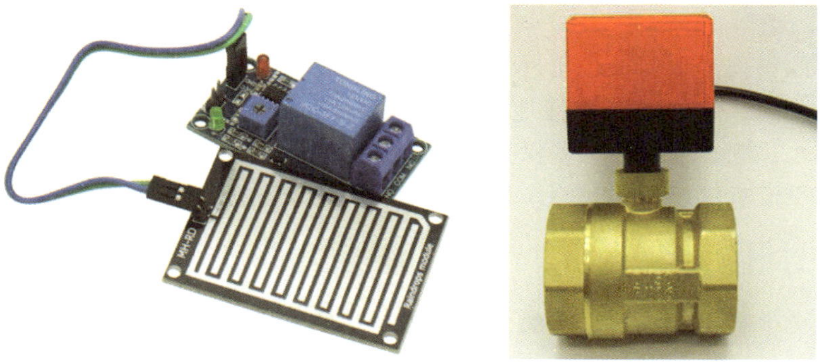

图 8-2　雨滴控制器及电动阀门

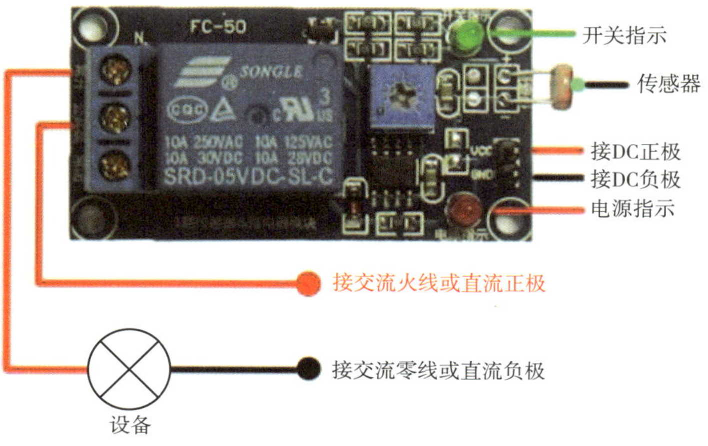


图 8-3　雨滴控制器及其接线

### 3. 按电路图接入继电器

按图 8－4 接入继电器，当继电器线圈失电时，继电器触头断开，设备没电不工作；当继电器线圈得电时，继电器触头吸合，设备有电工作。若图 8－4 中的设备为电动阀门，即可实现阀门的自动开启及关闭。

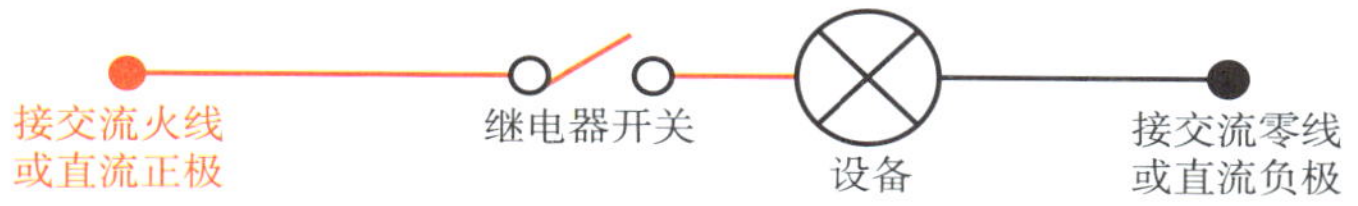


图 8－4　部分电路图

### 4. 连接水箱、电动阀门、皮管

将水箱、电动阀门、皮管连接，再根据滴灌场地的实际需要进行水管的布置。水箱和皮管如图 8－5 所示。

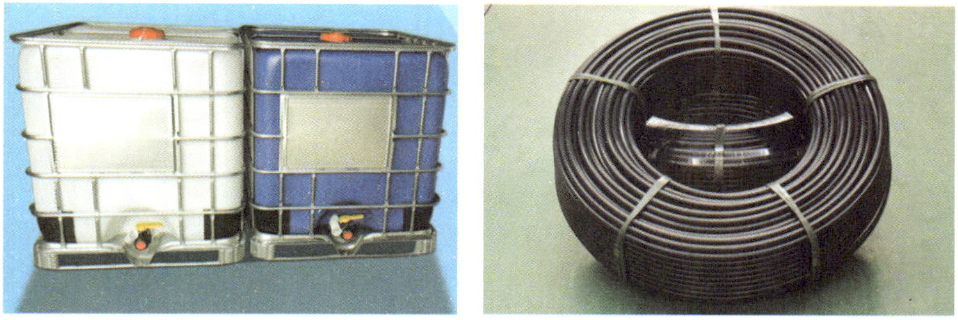

图 8－5　水箱及皮管

### 5. 在皮管上开好滴灌孔，进行滴灌

当雨滴控制器发现下雨会及时关闭阀门，不进行滴灌，反之阀门开启。滴灌现场和效果如图 8－6 所示。

图 8－6　滴灌水管布置及效果

### 8.1.4 核心与关键点

(1) 雨滴控制器的制作。
(2) 开关电源、雨滴控制器、电动阀门的接线。
(3) 水箱、电动阀门、皮管的连接及布置。

### 8.1.5 评价与感受

#### 1. 评价

评价内容见表 8-1 所列，采用三级分制，即优秀、良好、合格。

表 8-1 滴灌装置制作评价表

| 评价项目 | 自评结果 | 互评结果 | 师评结果 | 改进建议 |
| --- | --- | --- | --- | --- |
| 雨滴控制器制作 | | | | |
| 电路连接 | | | | |
| 皮管连接与布置 | | | | |

#### 2. 感受

通过参与本项目的劳动，了解滴灌装置的制作方法，结合自己制作滴灌装置的过程，谈一谈自己的收获与感受。

### 8.1.6 延伸与思考

#### 1. 延伸

水肥一体化智能灌溉系统是农作物灌溉的发展趋势。随着农业物联网技术的发展与应用，推动了水肥一体化的进一步发展。基于农业物联网技术的水肥一体化智能灌溉系统可以对不同作物的需水、需肥规律以及土壤环境和养分含量状况进行检测、调配和供给，在提高灌溉用水效率的同时，实现了对灌溉、施肥的定时、定量控制。这不仅仅能够节水、节肥、节电，还能够减少劳动力的投入、降低人工成本。该系统广泛应用于大田、旱田、温室、果园等种植灌溉作业。

水肥一体化智能灌溉系统通常包括水源工程、首部枢纽、过滤系统、田间输配水管网系统和控制软件平台等部分，还会配套田间气象监测站、土壤墒情监测站。在实际生产中由于供水条件和灌溉要求不同，该系统可能仅由部分设备组成。

#### 2. 思考

目前市面上有很多智能水肥一体化滴灌系统，如图 8-7 所示。你能否根据实际需要选择一套水肥一体化智能滴灌系统呢?

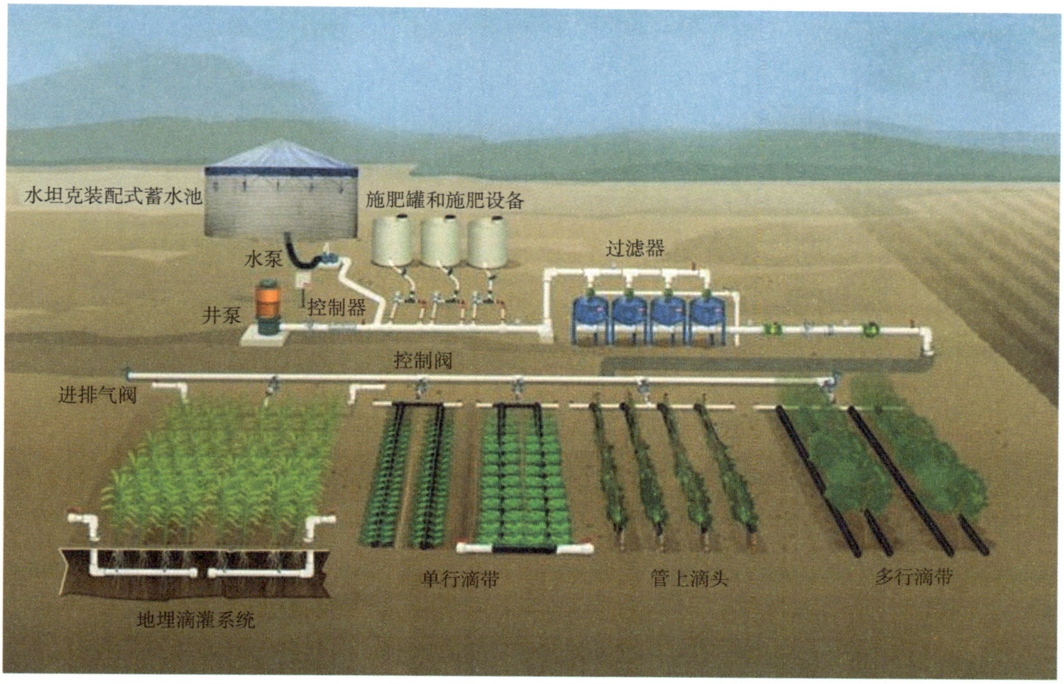


图 8－7　水肥一体化智能灌溉系统

# 8.2　园林养护

相信大家都有在公园中散步、玩耍或者野餐的经历，大家有没有注意园林绿植呢？城市绿植可以净化空气，吸收大气中的二氧化碳、二氧化硫、氟化氢、氨、氯等气体，100 平方米的园林，10 小时可吸收二氧化碳超过 1500 克，释放出氧气 100 克；可以调节大气温度和湿度，10000 平方米的草坪每天蒸发水分约 6300 公斤，增加空气中的相对湿度 5%～9%；可以吸尘杀菌，覆盖植被的地面比没有植被的地面吸尘能力大 70 倍；可以降低噪声污染，能使较大的广场噪声降低约 20 分贝；更可以保水抗旱，美化环境，调节气候。

所谓园林养护就是指绿地、园林中植物的管理与养护，其主要内容包括：浇水、施肥、修剪、除草、绿地清洁卫生、病虫害防治、防涝防旱等。

## 8.2.1　目的与意义

俗话说：“三分栽、七分养。”养护工作没做好会使花费很大成本建造的园林景观不能很好地保持，导致出现草地退化、树木死亡、杂草丛生等现象。因此，园林景观要实行科学化、规范化的养护管理。

本次劳动内容以树木施肥、灌木修剪、树木防冻、草坪修剪为主。

### 8.2.2 准备工作

园林养护是新兴产业，并且种类繁多。本次园林养护以手工操作为主，需要准备水桶、肥料、园艺剪（图8-8)、草绳（图8-9)、卫生工具、无纺布、铁锹等工具。

图8-8 园艺剪

图8-9 草绳

### 8.2.3 劳动步骤

#### 1. 树木施肥

施肥分为基肥和追肥两种。基肥多选用有机肥或复合肥，施用的方法采用放射状沟施肥法，如图8-10所示。该方法是利用铁锹由树冠下方向外开沟，沟的里面一端起自树冠外缘投影下稍内，外面一端延伸到树冠外缘投影以外。沟的条数为4～8，宽与深由肥料多少而定。将肥料撒施在沟内后覆土。这种施肥方法伤根少，能促进根系吸收，适用于成年树，但是太密植的树木不宜用。

图8-10 放射状沟施肥法

树木施肥应选天气晴朗、土壤干燥的时候进行。操作时，在已挖好的施肥沟里加入处理好的有机肥即可。

#### 2. 灌木修剪

修剪灌木时需在周围要放置防水布，这可以接住落在地面上的小树枝或树叶，如图

8－11所示。

图 8－11　设置防水布

修剪灌木时，使用 2～4 个木桩作为标志，如图 8－12 所示。在需要修剪的灌木两侧设置 2 个木桩，并在它们之间根据修剪高度要求系上绳子。保持绳紧，使用园林剪进行修剪即可。

图 8－12　设置木桩标高

3. 树木防冻

每年的深秋季节都是绿化部门最为忙碌的季节，因为要给植物做防冻保护，其中给树干绑草绳就是防冻措施之一。给树木缠绳还有一个好处，就是收集虫卵。天气渐凉，很多昆虫会钻到树皮里过冬，当树干缠绕有草绳，昆虫就会钻到草绳里，来年春天把草绳取掉、销毁，防寒、防虫一举两得。

先使用草绳绕大树树干缠绕一层，缠绕的高度一般在分枝点往下 3～5 厘米处。乔木一般控制在1.2～1.5米处，如图8－13所示。

在寒冷的冬季，可以在草绳外追裹一层缠树布（无纺布），一来可防止树干蒸发过快，二来还能起到良好的防寒抗冻作用。有些时候也可以选择给树干刷“白灰”来保护树干。传统白灰的组成材料有生石灰、水、食盐及一些黏着剂，现已有厂家生产出新型白灰，相对于传统涂白剂更利于保存和运输。涂白灰不仅可以帮助树干防虫、防蛀，由于白灰可反射阳光，当昼夜温差较大时树干外层不易开裂，也可以帮助夜晚行人看清道路，如图8－14所示。

图8－13　树木缠草绳

图8－14　树干刷白灰

4. 草坪修剪

草坪修剪通常采用机械修剪法或人工修剪法。机械修剪法所使用的机械为草坪剪草机，其主要有滚刀式剪草机、旋刀式剪草机、连枷式剪草机、甩刀式剪草机、甩绳式剪草机及气垫式剪草机等，如图8－15所示。但是在面积较小、地形复杂的情况下，通常使用人工修剪的方法。本次劳动采用人工修剪的方法。

（1）确定修剪高度。草坪高度测量时需要使用钢尺，并取测量区域内的平均数。草坪实际修剪高度是指修剪后的植物茎叶高度，可由人工自由决定。但是草坪的修剪必须遵守1/3的原则，也就是说剪掉的部分，其长度不能超过自然生成的茎叶高度的1/3。

（2）实操修剪。在草坪修剪时，要尽可能不断改变修剪路线。修剪时，通常习惯采用条状平行的方向进行。为了保证草坪草茎叶向上生长，每次踩踏的位置应有改变，如不改变踩踏位置，会使草坪土壤受到不均匀挤压，甚至出现土壤板结的现象。

（3）除去杂草。由于草坪是露天的，所以很容易出现杂草。除草时注意把草根除去，防止再生（杂草，并不完全属于贬义词，其是指混杂在栽培植物里的其他植物。有些所谓的杂草可以生长在恶劣的环境中，对于改善生态及景观也很有利。所以我们要用辩证的眼光去看待它）。

图 8－15　宽阔草地可使用机器除草

（4）清理草屑。对于草屑的处理，通常有三种方式：第一，如果剪下的叶片较短，可直接将其留在草坪内分解，使大量营养返回到土壤中。第二，草叶太长时，要将草屑收集带出草坪。因为较长的草叶留在草坪表面会影响美观，也容易滋生病害。收集的草屑可以用石灰腐熟后，作为有机肥施到草坪上。第三，发生病害的草坪，剪下的草屑应清除出草坪并进行焚烧处理，以免病害蔓延。

## 8.2.4　核心与关键

### 1. 施肥秘笈

施肥要在根部的四周，不要靠近树干。根大且较深的树木，施肥宜深，范围宜大，如油松、银杏、臭椿、合欢等；根浅的树木，施肥宜浅，范围宜小，如法桐、紫穗槐及花灌木等。有机肥要充分发酵、腐熟，忌用生粪，且浓度宜稀，不宜成块施用。施肥后，必须及时适量灌水，使肥料渗入土内。宜在天气晴朗、土壤干燥时施肥；阴雨天由于树根吸收水分慢，不但养分不易被吸收，而且肥料还会被雨水冲走，造成浪费。

### 2. 修剪秘笈

灌木在雨天及有露水时修剪容易造成病菌随水流通过切口侵害植物，忌修剪。普通灌木修剪应尽可能在保留原冠的前提下采取抽枝疏枝的方法，忌重修剪。针对病株虫株，在修剪过程中应根据苗木自身情况，采取重修剪，确保苗木成活，减少病虫危害。同一棵灌木应在当天修剪完毕，同时要边修剪边清理干净修剪后的枝叶，以免影响美观。

### 3. 修剪频率

草坪修剪一定要注意修剪频率。修剪频率主要取决于草坪草的生长速率和对草坪的质量要求。而草坪草的生长速率则依赖于环境条件、养护水平、组成草坪的草种及品种等因素。因此，掌握草坪草生长变化规律非常重要。

草坪的质量要求越高，对养护水平、修剪频率的要求也越高。如高尔夫球场果岭草坪几乎每天修剪1次，普通的庭院草坪每周修剪1～2次即可，而设施草坪一年中仅需要修剪几次。不同草种的草坪其修剪频率也不同。

### 8.2.5 评价与感受

#### 1. 评价

（1）树木施肥的评判。

评价内容见表8-2所列，采用三级分制，即优秀、良好、合格。

表8-2 树木施肥的评判

| 评价项目 | 自评结果 | 互评结果 | 师评结果 | 改进建议 |
| --- | --- | --- | --- | --- |
| 施肥量计算 | | | | |
| 施肥位置选择 | | | | |
| 施肥方式是否适用 | | | | |

（2）灌木修剪的评判。

评价内容见表8-3所列，采用三级分制，即优秀、良好、合格。

表8-3 灌木修剪的评判

| 评价项目 | 自评结果 | 互评结果 | 师评结果 | 改进建议 |
| --- | --- | --- | --- | --- |
| 灌木修剪时期选择 | | | | |
| 灌木造型 | | | | |
| 修剪后长势 | | | | |
| 是否有明显枯枝、折断枝 | | | | |

（3）草坪修剪的评判。

评价内容见表8-4所列，采用三级分制，即优秀、良好、合格。

表8-4 草坪修剪的评判

| 评价项目 | 自评结果 | 互评结果 | 师评结果 | 改进建议 |
| --- | --- | --- | --- | --- |
| 草坪密度 | | | | |
| 草坪颜色 | | | | |
| 草坪质地 | | | | |
| 草坪修剪均匀性 | | | | |

2. 感受

园林景观既是一门科学，也是一门艺术。完善的城市绿地景观营构，既要考虑其生态习性，又要展现它的观赏性；既要了解植物自身的质地、美感、色泽及绿化效果，又要注意植物种类间的组合群体美和与四周环境协调性，以及其所处的地理环境条件。城市绿地的不同植物配置形式，能构成多样化的园林观赏空间，呈现不同的景观效果，为城市景观增色添辉。请结合本次园林养护的劳动实践，谈一谈自己的收获与感受。

### 8.2.6　延伸与思考

1. 延伸

园林养护是 2016 年公布的林学名词。园林养护是为保证园林正常使用而进行的经常性保养、维修、预防和修复灾害性损坏，以及提高使用质量、观赏效果和服务水平而进行的加固、改善或增建等措施。

2. 思考

你能针对一处具体的园林，制定一套切实可行的园林养护方案吗？

## 8.3　葫芦的种植

你知道吗？葫芦是世界上最古老的作物之一。中国考古学家曾在浙江余姚河姆渡遗址中，发现了 7000 年前的葫芦与种子。这说明早在石器时代，河姆渡人就已经开始种植葫芦了。但是，7000 年前的古人种葫芦干什么用呢？葫芦可以用来食用，但是主要用来盛东西。

“葫芦”两个字来自“壶”和“卢”的谐音。“壶”是用来装液体的器皿。那么“卢”是什么呢？“卢”是用来盛饭的器皿，说白了，就是饭碗。在古人发明青铜器之前，整整 1000 多年的时间里，吃饭和喝水可都是要仰仗葫芦的。

古人还认为，中国人的整个人生历程都蕴含在“三壶”之中：婴儿初生叫作“破壶”，医药济民叫作“悬壶”，而走向死亡则叫作“壶天”。可谓是“一瓢藏造化，天地一壶中”。抛开这些深邃的文化意涵不谈，中国的老百姓也很喜欢葫芦，因为葫芦与“福禄”古音相同。直到今天，在福建、广东一带的方言中，葫芦与福禄也还是同音的。

### 8.3.1　目的与意义

在中国传统文化中，葫芦经常以吉祥物、法宝这类形象出现，中国人相信它有吉祥、驱魔、祛病的作用。在西游记里出现了很多宝葫芦，各路神仙把它系在腰带上，用来装丹药和驱魔除怪，还有八仙过海中的铁拐李也把葫芦作为法器随身携带。对于中国人来说，葫芦可不仅仅是一种植物，它还是一件大宝贝。这么个大宝贝，你想不想种在家里呢？

本次的劳动实践活动就以栽种葫芦为主题。

## 8.3.2 准备工作

家养葫芦一般都是种在庭院里，在墙根下垒一个花槽，插上竹竿，搭起顶棚，葫芦苗顺着竹竿向上攀爬，到了夏天既能遮阴又能结果。

那么，没有院子可以种葫芦吗？答案当然是可以的，你只要有一个阳台就行了。葫芦在春季 4～5 月份生长最旺盛，此时播种，成活率最高。

需要准备的材料有：无病害的葫芦种子、高锰酸钾溶液、浅口杯、纱布或者纸巾、清水等。

## 8.3.3 劳动步骤

### 1. 选种

首先需要选择没有任何病虫害、优良品种的葫芦种子，将种子浸泡在高锰酸钾溶液中消毒，防止患上病虫害，如图 8－16 所示。

### 2. 浸泡发芽

将葫芦的种子浸泡在 40～50℃的温水中，需要浸泡 20～25 分钟，然后再将种子用卫生纸、纱布包裹起来，放入小点的容器中，在通风、温暖的环境下进行养护，每天需要适量洒水，等到种子露白之后，取出放到阴凉的环境下等待种植，如图 8－17 所示。

图 8－16　葫芦种子

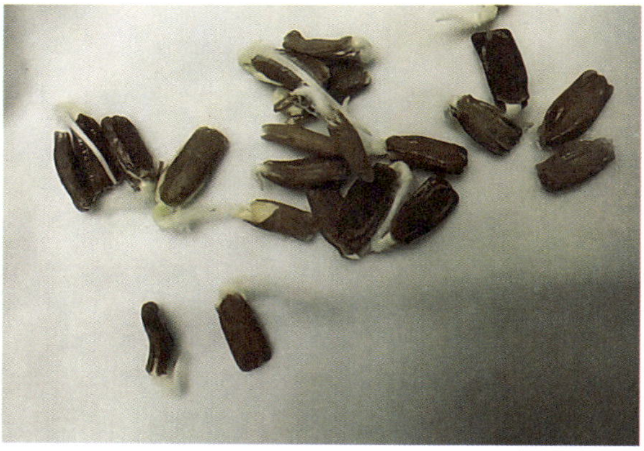

图 8－17　浸泡发芽

### 3. 盆土选择

葫芦的根部发达，应当选用土质深厚、肥沃度高、透气保肥、水性强的土壤，如图 8－18所示。例如选用田园土、腐叶土、粗沙按照 6∶3∶1 的比例混合，当中可以适量添加有机肥，增加土壤的肥沃度。

### 4. 开始播种

播种前，首先需要给盆土浇水，保持土壤的湿润度。然后将处理好的种子均匀地撒到盆土里，发芽一端朝上，温度保持在 15～20℃，放在散光处细心的养护，等待一周后种子就会发芽了，如图 8－19 所示。

图 8－18　合适的土壤

图 8－19　葫芦发芽

5. 生长管理

葫芦种子种植之后，要等待 3～4 天才能浇水，发芽期间暂停施肥，1 个月之后施加一次稀薄的氮、磷肥，葫芦生长期间不能接受强光照射，因此在夏季要做好遮阳措施。

6. 搭架定型

葫芦属于爬藤植物，等待葫芦生根发芽后，需要给它搭架定植。准备三根 1～2 米的棍子，按等边三角形的位置插在葫芦幼苗四周，然后用绳子将葫芦生长较长的茎叶，固定在木棍上就可以了。条件允许的话也可以将植株移植在空地上，然后利用树枝做支架，如图 8－20 所示。

图 8－20　葫芦藤支架

## 8.3.4　核心及关键点

1. 选盆很重要

根深才能叶茂，别看葫芦苗小，但是将来它的藤可以长到 10 米以上。所以，我们需要选用口径大于 20 厘米，深度不少于 30 厘米的深瓦盆来种植葫芦苗，如图 8－21 所示。

图 8－21　不同大小的瓦盆

2. 注意种植温度

葫芦喜欢温暖的生长环境，最适合的生长温度是

20～25℃。

3. 及时定型

家养葫芦定型最简单的方法是拴绳子。可以先在花盆上拴绳子，再把绳子的另一头固定到高处。葫芦藤自己就会沿着已拴好的绳子攀爬，绳子拉到哪里，它们就会爬到哪里，如图 8－22 所示。

4. 及时补水

葫芦根系发达，叶片蒸腾能力强，所以需要较多的水分。等到葫芦开花结果时，需水量就会增加，所以当葫芦开花之后，最好每天都能检查一下花盆里的土壤湿度，及时浇足水，不要让盆土干燥。

5. 人工授粉

葫芦一般在阳光微弱的傍晚或清晨开花，选在第二天或当天早上授粉就可以了。用干燥的小毛巾或者小棉团，从雄花中蘸取花粉，然后再在雌花的雌蕊上碰几下，让花粉黏在雌蕊上，授粉就完成了，如图 8－23 所示。

图 8－22　盆栽葫芦造型

图 8－23　人工授粉

## 8.3.5　评价与感受

1. 评价

评价内容见表 8－5 所列，采用三级分制，即优秀、良好、合格。

表 8－5　葫芦种植评价表

| 评价项目 | 自评结果 | 互评结果 | 师评结果 | 改进建议 |
| --- | --- | --- | --- | --- |
| 葫芦幼苗长势 | | | | |
| 葫芦藤造型 | | | | |
| 葫芦大小 | | | | |
| 葫芦外形 | | | | |

一个值得收藏把玩的葫芦，其标准首先是形状要匀称，还有就是葫芦的表面要光滑，没有霉斑、虫害，干干净净，葫芦肚脐小而正等，基本符合这些条件就算得上一个好的葫芦了。

2. 感受

通过葫芦种植，大家可以感受到植物种植的乐趣，待到葫芦结果挂满藤时，就能体会到丰收的喜悦及满满的幸福感。葫芦的生长周期较长，需要你日常花时间和精力去养护，那么，通过这次经历，你是否对于付出与收获之间的关系有了更深刻的认识呢？

### 8.3.6　延伸与思考

1. 延伸

葫芦不但在古代劳动人民的物质生活中占有重要地位，而且与文学、艺术、宗教、民俗、神话传说乃至政治等关系也十分密切，围绕葫芦所形成的种种意识形态，无疑是中国传统文化的一个重要组成部分。中国几千年的灿烂文化博大精深，葫芦文化经历数千年的历史积淀，以其独特的历史渊源、深厚的文化内涵以及广泛的群众基础，在现代文化中仍占有重要的地位。

葫芦造型优美，虽无须人工雕琢就给人以喜气祥和的美感，但我们追求精益求精的先人们怎么能忽视它。烙画葫芦具有悠久的历史和独特的艺术风格，相传起源于汉代，后失传，清代又兴起。烙画创作在把握火候、力度的同时，注重“意在笔先、落笔成形”。烙画葫芦不仅有中国画的勾、勒、点、染、擦、白描等手法，还可以熨出丰富的层次与色调，具有较强的立体感。因其酷似棕色素描和石版画，因此烙画既能保持传统绘画的民族风格，又可达到西洋画严谨的写实效果，如图 8－24 所示。

图 8－24　葫芦烙画

2. 思考

除了食用和做工艺品，你们知道葫芦还有什么用处吗？

## 8.4　绿茶的制作

中国是茶的故乡，勤劳智慧的中国人民发现了茶的价值，并形成源远流长的茶文化。茶圣唐代人陆羽曰：“茶之为用，味至寒，为饮最宜精行俭德之人”；唐代诗人卢仝的《饮茶歌》写有：“一碗喉吻润，两碗破孤闷。三碗搜枯肠，唯有文字五千卷。四碗发轻汗，平生不平事，尽向毛孔散。五碗肌骨清，六碗通仙灵。七碗吃不得也，唯觉两腋习习清风生。蓬莱山，在何处？玉川子，乘此清风欲归去”。人杰地灵的安徽也是名茶荟萃，黄山毛峰、六安瓜片等更是跻身全国十大名茶之列。当你站在碧绿的茶山前，定会想亲手制作并品尝一杯香茗吧，如图 8－25 所示。

图 8-25　茶山

### 8.4.1　目的和意义

完整的绿茶（以黄山毛峰为例）制作流程包括采摘、杀青、揉捻、烘焙等，看似简单的工艺流程，因不同的风土人情而产生各具特色的茶叶制作方法，比如黄山毛峰就有着属于自己的悠久历史和独特的加工方式。大家在体验劳动美的同时，可以了解中国特有的茶文化的内涵，感受中华茶文化的魅力，体会一杯香茗背后的艰辛。

### 8.4.2　准备工作

1. 采摘工具

采茶须谨慎小心，不能伤其色味，要有适宜的采茶器具。竹篮，取材方便、价格低廉、通风透气、质量轻便，鲜茶叶短时间存放其中不会因为温度升高而导致发热变质；无论肩背手提，茶农都会非常省力，如图 8-26 所示。虽然现今采茶已经从手工采摘过渡到

图 8-26　竹篮

机械采摘，但小范围内，竹篮依然是茶农采茶时的必备工具。

2. 炒制工具

杀青平底锅、揉匾、烘灶、木柴，如图 8-27 所示。

图 8-27　平底锅、揉匾

3. 茶园采摘

黄山毛峰主要采摘于清明谷雨前后，采摘时以一芽一叶，外形似麻雀舌头的为上品。

采摘鲜茶的基本技法分为“掐采”“提手采”“双手采”等。掐采：又称折采，细嫩茶叶的标准采摘手法，包括托顶、撩头等；提手采：标准采摘手法，即掌心向上，用拇指和食指夹住茶叶上的嫩茎，向上轻提，芽叶折落掌心，绝大部分的绿茶、红茶都是用这种方法采摘；双手采：茶树有理想的树冠、采摘面平整，适合用双手采，可提高效率，熟练的采茶人喜欢这种采法，如图 8-28 所示。

图 8-28　毛峰采摘

## 8.4.3　劳动步骤

正所谓“玉不琢不成器”，好的黄山毛峰更加离不开精心的制作工序。

### 1. 鲜茶杀青

黄山毛峰的杀青是在平底锅上手工操作的，温度要稳定在 150～180℃，每锅茶叶量为 250～500 克（嫩叶量少，老叶量多），双手将叶子提起快速翻拌、抖散，使茶叶在平锅上受热均匀，不闷气也不发焦，大概 3～4 分钟，茶叶呈暗色变软，稍有黏性即可，如图 8－29 所示。

图 8－29　鲜茶杀青

### 2. 揉捻

将杀青适度的茶叶起锅放在揉匾上，轻轻捻揉，但应注意抖散，避免闷黄。特别细嫩的芽叶，往往只需在锅里稍加揉搓，力求保存叶色鲜艳和芽尖上的白毫。揉可使茶叶成条，捻可使茶叶细胞破碎，挤出茶汁，增加黏性，有利于茶叶外形的形成，如图 8－30 所示。

图 8－30　揉捻

### 3. 初烘

初烘时，每只杀青锅配四只烘笼，温度先高后低，第一只烘笼用 90℃以上明炭火烘顶，其他三只温度分别为80℃、70℃、60℃左右，边烘边翻，依次移动烘顶，流水操作，中间每隔5～7分钟翻动一次，直到茶叶的含水率为15%左右。初烘要注意勤翻叶，摊叶要匀，温度要稳定，操作要轻。

4. 足烘

初烘后茶叶在簸箕中摊晒30分钟，使茶叶内的水分重新分布均匀，待初烘叶有8～10烘，并为一烘，进行足烘。足烘温度要在60℃左右，文火慢烘直到足干。

5. 复火

足烘后，剔去杂质再复烘一次，使茶香散发，趁热装入盒（袋）中，封口贮存。

### 8.4.4　核心及关键点

炒制出清香四溢的清茶关键在度的把握。

1. 严格掌握采摘标准

常见的一些名贵绿茶要求一芽一叶或一芽二叶初展。当茶树上的新芽没有达到采摘标准时，暂时不采，等长到符合标准后再进行采摘。一般在开园后的7～10天便可以进入量产期。每次必须将所有的采摘面都要采摘干净，不能只采树冠部位，树腹以下也要采摘。采摘的间隔期是2～3天，看天气冷暖而定。如果遇到阴雨连绵天气，尽量少采或者不采。即使采摘了，也要分开摊放加工，不要与阴天或晴天采摘的鲜叶放在一起。

2. 控制好杀青的温度和时间

杀青的温度和时间要控制好，使茶叶受热均匀。

3. 掌握好揉捻的技术操作与程序

烘青绿茶的成形基本上在揉捻工序中完成，因此在揉捻技术操作与程序的掌握上与长炒青绿茶有所区别。

烘青绿茶强调嫩叶冷揉、中档叶温揉、老叶热揉，以利于各档原料茶的揉捻成条及形成深绿甚至墨绿的色泽。同时，烘青绿茶揉捻还强调筛分复揉，尤其是鲜叶原料老嫩混杂时，这一点更为重要。筛分复揉便于粗大茶叶揉紧成条，保持芽叶完整，减少碎末茶。烘青绿茶揉捻适度的要求是嫩叶揉熟不揉糊，老叶揉紧不揉松，一般嫩叶成条率达到90%，老叶成条率达到60%，细胞破碎率达到45%。

4. 干燥的秘笈

干燥是绿茶初制加工的最后一道工序。干燥的目的：一是进一步去除茶叶中的水分，使成茶的含水率达到标准要求，以便贮存；二是固定外形、色泽，发展香气和滋味，形成绿茶特有的色、香、味、形品质特征。干燥的技术要点是分次干燥，干燥与摊凉相交替。一般至少分两次干燥，也有的分为三次、四次，甚至五次。干燥的温度一般是先高后低。以烘青绿茶为例，第一次毛火的温度可稍高，控制在120℃左右，烘至茶叶含水率达35%～40%；然后将茶叶摊凉至室温，再进行第二次足火干燥，此时温度可略低，掌握在90℃左右，以免产生老火香味或焦味，烘至茶叶含水率降到7%以下即可。

## 8.4.5 评价与感受

### 1. 评价

评价内容见表 8－6 所列，采用三级分制，即优秀、良好、合格。

表 8－6 茶叶制作评价表

| 评价项目 | 自评结果 | 互评结果 | 师评结果 | 改进建议 |
|---|---|---|---|---|
| 采摘鲜茶的效率 | | | | |
| 鲜茶杀青的质量 | | | | |
| 揉捻的技术水准 | | | | |
| 制茶过程的最难点 | | | | |
| 炒制一份新茶的幸福指数 | | | | |

### 2. 感受

碧绿的茶山，空气清新、景色秀美，令人心旷神怡，自己动手炒制一份新茶，迫不及待地用一壶山泉冲泡，品尝一杯香茗，心里满满的感动，品的是甘醇、如兰香的茶韵，品的是古徽州的历史风韵，如图 8－31 所示。

图 8－31 一杯香茗

## 8.4.6 延伸与思考

### 1. 延伸

学习和弘扬我国茶文化，结合自己家乡谈谈祖国各地的名茶各有什么特色？

### 2. 思考

（1）在制茶工艺流程中，无论是杀青还是烘焙，对火候的把握很讲究，为什么要控制温度呢？

（2）茶叶的主要成分是什么？